Steve Jobs e eu
Minha carreira na Apple

My life at Apple (and the Steve I knew)
Copyright © 2021 by John Couch

© 2022 by Universo dos Livros

Todos os direitos reservados e protegidos pela Lei 9.610 de 19/02/1998.
Nenhuma parte deste livro, sem autorização prévia por escrito da editora, poderá ser reproduzida ou transmitida sejam quais forem os meios empregados: eletrônicos, mecânicos, fotográficos, gravação ou quaisquer outros.

Diretor editorial
Luis Matos

Gerente editorial
Marcia Batista

Assistentes editoriais
Letícia Nakamura
Raquel F. Abranches

Tradução
Rebecka Villarreal

Preparação
Flávia Yacubian

Revisão
Marina Constantino
Lorrane Fortunato

Arte
Renato Klisman

Dados Internacionais de Catalogação na Publicação (CIP)
Angélica Ilacqua CRB-8/7057

C891s

    Couch, John
       Steve Jobs e eu : minha carreira na Apple / John Couch, Jason Towne ; tradução de Rebecka Villarreal. –– São Paulo : Universo dos Livros, 2022.
       256 p.

       ISBN 978-65-5609-204-1
       Título original: My life at Apple (and the Steve I knew)

       1. Couch, John – Biografia 2. Towne, Jason – Biografia 3. Apple Computer, Inc
    I. Título II. Towne, Jason III. Villarreal, Rebecka

22-1357

CDD 920.71

Universo dos Livros Editora Ltda.
Avenida Ordem e Progresso, 157 — 8º andar — Conj. 803
CEP 01141-030 — Barra Funda — São Paulo/SP
Telefone/Fax: (11) 3392-3336
www.universodoslivros.com.br
e-mail: editor@universodoslivros.com.br
Siga-nos no Twitter: @univdoslivros

Steve Jobs e eu
Minha carreira na Apple

JOHN COUCH
e **Jason Towne**

São Paulo
2022

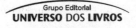

PARA STEVE

NOTA DO AUTOR

Este livro de memórias cobre eventos que aconteceram na minha vida que levaram à minha contratação como o 54º funcionário da Apple Computer, meu mandato de décadas como um executivo e vice-presidente da Apple e meu relacionamento com seu cofundador, Steve Jobs, tanto como chefe quanto amigo. Não tem a intenção de ser uma biografia de Jobs nem um relato histórico oficial da Apple. Todos os nomes, datas, eventos, citações e outras informações são precisas, até onde eu saiba. Contei com a minha memória, no entanto, quando as fontes não estavam disponíveis e, por isso, os diálogos podem, muitas vezes, estar parafraseados. Ao longo do livro, descrevo vários aspectos de Steve, que incluem comportamentos, traços, características e motivações, mas são baseados na minha perspectiva, interpretação e experiências pessoais. Em outras palavras, essa história é especificamente sobre a *minha* vida na Apple e o Steve que *eu* conheci — bem diferente do Steve que vocês conheceram ou de quem ouviram falar.

SUMÁRIO

NOTA DO AUTOR...7

PREFÁCIO...15

INTRODUÇÃO..19
    O que esperar _____ 20

CAPÍTULO 1: BICICLETA MENTAL...23
    Ligando os pontos _____ 24
    uc Berkeley _____ 26
    Steve Wozniak _____ 28
    Bill Hewlett _____ 28
    Apple Computer _____ 29
    Conhecendo Steve _____ 31
    Decisões, decisões _____ 32
    Curva 68 _____ 34

CAPÍTULO 2: FUNCIONÁRIO 54...37
    Choque cultural _____ 39
    Trip Hawkins _____ 41
    Surto de crescimento _____ 43
    Valores e cultura da Apple _____ 44
    Cartazes de inovação _____ 47

CAPÍTULO 3: OS PRIMEIROS DIAS...........................51

Planos de software_____52
Bill Budge_____53
Desenvolvimento de aplicativos_____55
O projeto Lisa_____56
Xerox PARC_____59
Apple encontra Alto_____60
Primeiros desafios_____61
Mike Scott_____63

CAPÍTULO 4: TEMPOS CORRIDOS...........................67

Apple III_____68
Tomando atitudes_____70
Herói do software_____71
IPO da Apple_____72
Problemas de pai_____73
Quarta-feira Sombria_____75

CAPÍTULO 5: LISA...........................77

Diretor-geral_____78
Macintosh_____79
A aposta_____81
Bem-vinda, IBM. Sério._____82
Uma visão compartilhada_____85
Datagrama_____86

CAPÍTULO 6: TECNOLOGIA LISA...........................89

Interface gráfica do usuário_____91
Software Lisa_____92
Desafios: Twiggy_____94
Desafios: preços_____96
Desafios: dilema da inovação_____97
Joias corporativas_____98
Microsoft_____100
Impacto_____102

CAPÍTULO 7: O LEGADO DE LISA........................105

John Sculley_____108
Lisa foi um fracasso?_____110
Lisa vs. Macintosh_____112
Influência do Lisa_____114

CAPÍTULO 8: DO LADO DE FORA, OLHANDO PARA DENTRO......117

Cabo de guerra_____118
Saindo da Apple_____119
Dizendo adeus_____121
Seguindo em frente_____122
Santa Fe Christian_____124
O chamado_____125
Grandes mudanças na Apple_____127

CAPÍTULO 9: SURGE A OPORTUNIDADE...........................131

Uma oferta irrecusável_____132
Pangea Systems_____135
DoubleTwist_____138
Pensando diferente(mente)_____139
Talento de marketing_____141
A tempestade perfeita_____142

CAPÍTULO 10: DE VOLTA PARA O FUTURO..........................145

Divisão de educação_____147
Amigos do Jim_____149
Hora da mudança_____152
Apresentação "Top 100"_____156
A fera das vendas_____158
Bate-papo de vendas_____160

CAPÍTULO 11: APPLE EDUCAÇÃO...165

As crianças não podem esperar_____166
St. Mary_____167
Pesquisa ACOT_____168
Projeto Brasil_____170
A visão de Steve_____172
Sindicatos de professores_____173

CAPÍTULO 12: SIGA O LÍDER...177

Mac os x_____178
X para professores_____180
iLife_____182
iTunes_____184
iPods_____186
iTunes u_____188
Lojas de varejo_____191
School nights_____193

CAPÍTULO 13: O VISIONÁRIO...195

Grandes influências_____197
Animação verbal_____199
Pesquisa de mercado_____201
Lacuna visionária_____202
Nível de paciência_____204
Enfrentando Steve_____205

CAPÍTULO 14: O STEVE QUE EU CONHECI.........................209

Vinte anos de amizade_____210
Problemas de confiança_____211
Nunca sobre dinheiro_____213
Filantropia silenciosa_____215
Fazendo a diferença_____217

CAPÍTULO 15: O LEGADO DE STEVE...................221

Ouvindo as notícias_____223
Olhando para trás_____223
Mais um Steve_____225
Opostos polares_____226
Família extensa_____228

CAPÍTULO 16: UMA APPLE DIFERENTE...................231

Apple do Tim_____232
Assuntos de governo_____235
Ideias malucas_____236
Dança das cadeiras_____238
*Rewiring Education*_____240
Últimos dias_____240
Uma jornada extraordinária_____242

EPÍLOGO: UM JOGO INFINITO...................245

A calamidade do corona_____247
Causa justa_____249
Educação reprogramada_____249
Só mais uma coisa..._____251

AGRADECIMENTOS...................253

PREFÁCIO

Steve Jobs e eu: minha carreira na Apple PINTA UM RETRATO hipnotizante da extraordinária vida do meu antigo colega da Apple e amigo de longa data, John Couch, que também é formado na mesma faculdade que eu. Há mais de quarenta anos, Steve Jobs me apresentou para John, um experiente (e já brilhante) engenheiro de software em um tempo que não existiam muitos nessa área. Como eu, John se formou na UC Berkeley, tornando-se um dos primeiros graduados em Ciência da Computação dos Estados Unidos. Também como eu, foi trabalhar para Bill Hewlett, o visionário CEO e cofundador da Hewlett-Packard.

Dado um pedigree tão forte (e familiar), não fiquei surpreso ao saber que Steve apareceu na porta de John com um Apple II de presente, com a intenção de recrutá-lo para ajudar a Apple a desenvolver um novo computador revolucionário que mudaria o mundo. Steve foi persuasivo como sempre e, como eu, John tornou-se um dos primeiros funcionários da empresa. Ele viria a ser o primeiro Diretor de Novos Produtos, primeiro Vice-presidente de Software, um dos primeiros Diretores-gerais e, anos depois, primeiro Vice-presidente de Educação. Mais importante, John se tornaria uma das pessoas mais influentes e valiosas da Apple, mesmo que você não tenha ouvido falar sobre ele até agora.

Você pode considerar este livro uma jornada histórica, cheia de relatos inéditos sobre a Apple, Steve, John e o relacionamento de décadas entre os dois. Se acha que já ouviu tudo sobre as idas e vindas do começo da Apple e as complexidades de Steve Jobs, está enganado. Mesmo com vários livros e filmes sobre a Apple e Steve, poucos relatos foram contados de maneira tão pessoal como ocorre aqui. Mesmo histórias que você já ouviu várias vezes parecerão novas pelo ponto de vista único de John. Ele é um ótimo contador de histórias, capaz de fazer você sentir como se estivesse presente nos lugares com ele, vendo o que viu e ouvindo o que ouviu durante alguns dos momentos mais importantes da história da Apple, como sua visita ao Xerox PARC com Steve para ver o Alto Computer, as infames demissões de Mike Scott na Quarta-feira Sombria, a IPO da Apple e o dia de lançamento de três computadores diferentes.

Uma das minhas histórias preferidas do livro aconteceu na primeira semana de John na Apple, quando ele e Steve se encontraram com um fornecedor externo em uma sala de conferência. Steve, elegantemente atrasado, entra descalço, senta de pernas cruzadas no meio da mesa e, depois de inspecionar a impressora do fornecedor por 30 segundos, declara: "É uma porcaria". E sai da sala. Outras histórias que adoro incluem a vez que John e Steve tentaram convencer John Sculley a sair da Pepsi e tornar-se CEO da Apple, a vez que John encontrou um certificado de 7,5 milhões de ações da Apple jogado no quintal da frente de Steve e uma conversa comovente que John e Steve tiveram no avião em meio a uma ameaça de bomba. Steve disse para John uma vez que ele era um dos indivíduos mais confiáveis que conhecia e brindou publicamente sua amizade de mais de vinte anos, então não é surpreendente que John tenha tantos momentos pessoais para compartilhar.

Embora este livro faça um ótimo trabalho em captar o lado humano de Steve, eu também fiquei impressionado ao ler sobre como John conseguiu levar seu time a criar um dos computadores mais revolucionários da história: Lisa. Conhecido na mídia como "o pai do Lisa", John supervisionou o programa inteiro, fazendo o design e desenvolvendo o avanço revolucionário que chamamos de Tecnologia Lisa. Fico particularmente frustrado quando ouço pessoas descreverem Lisa como uma falha da Apple. Não entendem o sucesso que realmente foi, não só para a Apple, mas para toda a indústria de computadores. Foi John quem concebeu e escreveu um artigo sobre um conceito nomeado por ele de "datagrama", que definiu a direção estratégica para o software Apple e influenciou drasticamente o design e o desenvolvimento da interface gráfica do usuário (em inglês, graphical-user interface, ou GUI) usada no Lisa e no Macintosh.

Por conta do datagrama, Lisa conseguiu introduzir mercados convencionais para uma GUI que incluía coisas às quais agora estamos acostumados, como sistema operacional Windows, computador "desktop", ícones, pastas, arquivos e barras de menu, assim como a possibilidade de copiar, colar, editar, arrastar, soltar, salvar e recuperar documentos. John e seu time do Lisa também fizeram o design e apresentaram ao mundo coisas como o mouse dos dias atuais, gerenciamento de direitos digitais (DRM) e pacotes de software de escritório. Todas essas coisas foram desenvolvimentos cruciais e uma das principais razões para que não apenas programadores possam usar um computador com facilidade hoje em dia.

A verdade é que o Lisa foi o computador mais revolucionário que o mundo já viu. Enquanto o Macintosh fica com a maior parte dos créditos, se não fosse pelas inovações que John introduziu com o Lisa, talvez nem existisse um Macintosh. Com isso, em uma das histórias mais memoráveis, John conta a vez que Bill Gates buscou ele e seu filho mais novo, Kris, no aeroporto, fez um tour pessoal das instalações da Microsoft e terminou o dia falando para Kris: "Você nunca vai saber o impacto que seu pai teve na Microsoft e na indústria do computador". Era verdade, porque sem a Tecnologia Lisa de John, talvez nunca tivesse existido o Microsoft Windows ou o Microsoft Office. Lisa mudou para sempre a forma como computadores são feitos e reformulou a imagem de uma indústria inteira.

Talvez a coisa mais impressionante para mim foi que, mesmo depois de tudo isso, John estava apenas começando. Depois do lançamento de Lisa, ele saiu da Apple para explorar novas oportunidades. Tornou-se investidor-anjo, consultor corporativo, liderou a transformação de uma escola e foi CEO de uma startup de genômica cujo trabalho de mapeamento do genoma humano pavimentou o caminho para empresas como 23andMe e Ancestry.com. Depois que Steve voltou para a Apple, conversou com John e pediu para ele voltar também, dessa vez como o primeiro Vice-presidente de Educação, com a tarefa de usar sua liderança e talentos criativos para transformar o setor de educação da empresa, que atravessava dificuldades. Dessa vez, John supervisionou o projeto de uma pedagogia baseada em tecnologia chamada Aprendizagem Baseada em Desafios (Challenge Based Learning), bem como uma série de produtos e programas influentes como iTunes U (que levou aos MOOCs), School Nights (que levou aos Apple Camps) e um programa de desenvolvimento de aplicativos baseado em universidades que agora se tornou global. Incrivelmente, em apenas dez anos, John fez o valor do setor de educação da Apple sair de 1 bilhão para mais de 9 bilhões de dólares americanos, com seu trabalho influenciando mais uma vez uma indústria inteira.

Com o passar dos anos, minha esposa, Janet, e eu continuamos amigos próximos de John. Ele é uma das pessoas mais interessantes, inteligentes e apaixonadas que já conheci. Tanto Steve quanto eu o víamos como parte essencial do que fez da Apple a companhia mais inovadora do mundo, mesmo que tenha permanecido como um dos nossos segredos mais bem guardados. Mas agora o segredo acabou. Pela primeira vez, John está compartilhando sua história publicamente, dando ao mundo a oportunidade de apreciar seu relacionamento com Steve e comigo. Prometo que, quando terminar de ler este livro, você verá por que John não só trabalhava para visionários, mas era um visionário também.

Steve Wozniak
Cofundador da Apple Computer

INTRODUÇÃO

*"A vida é sempre misteriosa e surpreendente,
e você nunca sabe o que está por vir."*
STEVE JOBS

Como Winston Churchill, Steve Jobs tinha a incrível habilidade de inspirar a todos que o ouviam. Em 12 de junho de 2005, diante de uma multidão de ansiosos formandos, ex-alunos, professores e amigos de Stanford, ele proferiu o que muitos consideram as palavras mais poderosas de sua vida, seu discurso para uma turma de formatura "Continue faminto, continue tolo". Como todo mundo, eu achei profundo. Perto da marca dos 25 minutos, conforme falava sobre sua vida, disse: "Você não consegue ligar os pontos olhando para a frente; você só consegue ligá-los olhando pra trás".

Foi essa ideia de ligar os pontos da nossa vida que, aos 72 anos, também me inspirou a olhar para o passado, minha carreira, e começar a conectar meus próprios pontos. Como um vice-presidente da Apple por mais de vinte anos, viajei o mundo compartilhando a visão de Steve com alunos, pais, professores, líderes educacionais e até presidentes de países. Durante minhas jornadas, sempre sou questionado, em vários idiomas, sobre as mesmas coisas: "Como foram os primeiros anos da Apple?" e "Como foi trabalhar com Steve Jobs?". Ao compartilhar este livro com vocês, meu objetivo é responder a essas questões e outras que as pessoas nunca perguntaram.

O QUE ESPERAR

O primeiro capítulo explora as experiências educacionais e profissionais que ajudaram a me preparar para o sucesso no dinâmico e desafiador ambiente da Apple. Você ouvirá sobre a primeira vez que vi um computador, enquanto estava na Universidade da Califórnia em Riverside, e como me tornei um dos 50 primeiros alunos da uc Berkeley a se formar em Ciência da Computação. Depois me seguirá até a Hewlett-Packard, onde consegui meu primeiro emprego como engenheiro de software, trabalhando com o seu lendário ceo, Bill Hewlett. Ficará sabendo sobre a vez que um jovem e ambicioso visionário chamado Steve Jobs apareceu inesperadamente na minha casa e tentou me convencer a sair da hp, reduzir meu salário drasticamente e juntar-me à sua promissora startup, Apple Computer. Mal sabia eu naquela época que sua startup se tornaria uma das companhias que mais cresceu no mundo nos primeiros cinco anos.

Nos capítulos 2 e 3, verá meus primeiros dias na Apple, depois de me tornar o 54º funcionário da empresa. Quando descobri o que Steve fez no meu primeiro dia, fiquei tão chocado que fiquei em dúvida se tinha cometido um erro. Vou compartilhar os primeiros valores e culturas da Apple, assim como e-mails internos e documentos, e por que fiquei surpreso ao ser promovido a Vice-presidente de Software tão rapidamente. Você se juntará a mim na viagem que fiz com Steve e outros colegas para o Xerox parc, a agora infame visita que nos inspirou a repensar a Apple e projetar dois computadores revolucionários.

O capítulo 4 mostra os primeiros designs e o desenvolvimento do computador Lisa e os desafios que superamos durante o desenvolvimento do Apple iii. Você lerá sobre como era a Apple antes, durante e depois da oferta pública inicial da empresa e verá o que aconteceu no escritório durante a notória "Quarta-feira Sombria".

Os capítulos 5 e 6 mergulham na grande reformulação da estrutura organizacional da Apple que levou à minha nomeação como gerente-geral e vice-presidente da divisão Lisa. Você descobrirá o que desapontou tanto Steve e como esse sentimento levou ao nascimento do Macintosh. Ouvirá a verdade sobre o que estava por trás da infame aposta que Steve e eu fizemos e lhes apresentarei a "Tecnologia Lisa" e os desafios de criar um hardware revolucionário e fazê-lo funcionar corretamente com um software revolucionário. Lerá em primeira mão minha conversa com Steve depois de ele ter feito o "acordo do século" com a Microsoft, de Bill Gates, e aprenderá por que Bill pessoalmente me pediu para visitá-lo nas instalações de sua empresa.

O capítulo 7 cobre o lançamento de Lisa: a recepção, os sucessos e as falhas. Você lerá sobre as semelhanças e diferenças entre Lisa e Macintosh e a influência que ambos computadores tiveram no futuro da computação. Também te levarei para dentro de uma reunião que tive com Steve e John Sculley antes de ele se tornar o novo CEO da Apple, e verá como tanta coisa mudou.

Depois, nos capítulos 8 e 9, veremos os anos que passei fora da Apple, o motivo da minha renúncia e como posso ter, sem intenção, quebrado uma lei da Comissão de Valores Mobiliários dos Estados Unidos. Finalmente, conhecerá a minha perspectiva durante o período conhecido como "Idade das Trevas" da Apple e como, durante o mesmo período, também passei por um momento pessoal difícil. Você me acompanhará enquanto saio da Apple e lidero a reviravolta bem-sucedida de uma escola decadente, entenderá por que virei CEO de uma empresa inovadora de bioinformática e como essas duas experiências me prepararam para a minha volta à Apple.

Dos capítulos 10 ao 12, você verá por que Steve me pediu para retornar à Apple, dessa vez como primeiro Vice-presidente de Educação. Contarei sobre todas as coisas que meu time e eu fizemos para estimular um crescimento multibilionário do setor de educação da Apple, desde programas de pesquisa como o ACOT (Apple Classrooms of Tomorrow), ACOT^2 (Apple Classrooms of Tomorrow, Today) e ConnectED, até programas de marketing como o Kids Can't Wait, X for Teachers, Apple Distinguished Educators, programas como o iTunes U e Apple Camp e um programa brasileiro de desenvolvimento de aplicativos que desde então se expandiu ao redor do mundo.

Dos capítulos 13 ao 15, relatarei as complexidades do Steve que conheci desde o primeiro dia até o triste dia em que o mundo perdeu um visionário. Você lerá histórias nunca contadas publicamente, saberá o motivo de Steve ter brindado aos "vinte anos de amizade" e obter minhas perspectivas sobre seu foco, visão e filantropia incomparáveis. Você conhecerá o outro cofundador da Apple, meu amigo próximo, Steve "Woz" Wozniak e as maiores diferenças entre ele e Jobs.

No capítulo final, eu te levarei para dentro da Apple depois de Steve e compartilharei minha perspectiva das mudanças dramáticas que aconteceram. Te guiarei ao triste desmantelamento da divisão de educação da Apple, um estranho jogo de dança das cadeiras corporativo e a controvérsia em torno da publicação de meu livro anterior, *Rewiring Education [Reprogramando a educação]*, que acabou levando à minha saída. Finalmente, o epílogo te atualizará sobre meu trabalho depois da Apple. Também explicará por que a educação é um "jogo infinito", por que foi necessária uma pandemia global para chamar a atenção dos líderes da educação em relação à importância da tecnologia e do ensino de conteúdos dentro de contextos, assim como as maneiras como continuei minha luta para levar a visão de Steve sobre educação para a vida.

Sem dúvidas, tenho sorte de poder ter trabalhado com Steve Jobs em uma das companhias mais icônicas do mundo. Enquanto vou ligando os pontos da minha jornada, você terá uma visão clara de como a Apple fez história. Embora algumas caracterizações de Steve sejam mais precisas do que outras, nenhuma foi capaz de capturar adequadamente seu lado humano complexo de forma tão completa quanto aquelas feitas por nós que trabalhamos com ele durante a ascensão, queda e reencarnação da Apple. Espero que o livro te inspire a "pensar diferente" e ver que tudo é possível.

CAPÍTULO 1

BICICLETA MENTAL

*"Para mim, o computador é a ferramenta mais incrível
que já criamos. É o equivalente a uma bicicleta
para nossa mente."*
STEVE JOBS

CONHECER STEVE NÃO FOI UMA MERA COINCIDÊNCIA. EMBORA eu não soubesse na época, o momento em que comecei a faculdade se tornaria o primeiro ponto que conectava minha vida às circunstâncias e eventos que me levaram à Apple, onde gerenciei o design e a construção do primeiro projeto de computador pessoal com interface gráfica do usuário (GUI). Embora esta não seja uma biografia de Steve, é importante que eu compartilhe as histórias de como nossos caminhos se cruzaram não uma, mas duas vezes.

Minha jornada turbulenta começou em 1968. Na época, eu era estudante de graduação em Física na Universidade da Califórnia em Riverside. Em uma de minhas aulas de física do primeiro ano, nosso professor nos deu um exame final que consistia em um único problema: "Descreva o movimento de um pião no espaço livre". Foi um desafio assustador, pois o problema não tinha sido abordado em nenhuma palestra, nem em livros didáticos. De repente, todos na classe começaram a entrar em pânico, inclusive eu, porque ninguém tinha ideia de como descrever tal situação. Não era uma solução que pudesse ser memorizada, e eu não havia desenvolvido as habilidades para visualizar esse problema de maneira que me permitisse derivar a fórmula.

Antes disso, memorizar fórmulas sempre foi uma estratégia de sucesso para mim, desde o ensino médio até os primeiros anos de universidade. Mas esse problema deixou claro que eu não poderia memorizar tudo na vida, seja na faculdade, seja no trabalho. Percebi como aprender de verdade não é sobre regurgitar fatos e números, mas viria da minha habilidade de avaliar criticamente e visualizar problemas complexos. Foi uma lição de humildade que mais tarde usaria na Apple, quando Steve me incumbiu de construir um computador pessoal que todos pudessem usar e, mais tarde, reprogramar completamente a educação.

LIGANDO OS PONTOS

Mais tarde no mesmo ano, na UC Riverside, tive minha primeira experiência com um computador durante uma aula chamada "Ciência da horticultura 120". Curiosamente, o departamento de horticultura era um dos poucos que podiam pagar por um computador IBM e estava oferecendo um curso de programação para iniciantes. Meu melhor amigo, David Scott Easton, e eu estávamos curiosos para ver sobre o que era esse novo curso de computação, então decidimos nos matricular. Não demorou até que eu ficasse cativado pelos desafios da programação e a ideia de que nunca havia uma resposta correta. Também não havia como memorizar as respostas, porque a programação se baseia quase inteiramente em pensamento crítico e resolução de problemas. Descobri que era desafiador e emocionante. Esse foi o começo da minha paixão por computadores e programação, o que mais tarde seria chamado de *codificação*. Foi durante esse curso que decidi: independentemente da profissão que eu escolhesse, a tecnologia da computação teria um papel importante.

Enquanto continuava meus estudos na UC Riverside, não tão longe, na cidade limítrofe de Cupertino, na Califórnia, um ambicioso jovem de treze anos chamado Steve Jobs estava procurando peças para construir um "contador de frequência". Não havia internet em 1968, o que significava que suas opções de lugares para encontrar essas peças eram limitadas. Insistente, Steve, de forma ingênua, decidiu que iria simplesmente perguntar para o CEO de uma enorme empresa de tecnologia da área se ele tinha as peças necessárias, sem perceber que isso era algo que ninguém tinha feito, e que não seria tão fácil assim. Mas, aparentemente, ninguém lhe disse isso. Ele já acreditava que tudo era possível.

Por isso, Steve ligou para a maior companhia de tecnologia em que podia pensar, a Hewlett-Packard (HP) e, corajoso, pediu para falar com o cofundador e CEO, Bill Hewlett (que logo se tornaria meu chefe). De alguma forma, conseguiu falar com Bill por telefone e pediu as peças. Bill ficou tão impressionado com a coragem e a ambição dessa criança que concordou em ceder as partes e mais: ofereceu um estágio de verão. Isso significava que, ao entrar em seu primeiro ano na escola secundária Homestead, Steve já tinha garantido um cobiçado estágio na HP, no qual trabalharia em uma linha de montagem construindo contadores de frequência. Bill Hewlett mais tarde se tornaria um modelo e inspiração para Steve.

Na UC Riverside, eu continuava participando das aulas que precisava para preencher os requisitos da minha graduação em Física. Mas nunca senti amor pela disciplina como sentia quando programava um computador. Realmente queria me concentrar somente nesse campo emergente da computação. Queria trocar de curso, mas, infelizmente, a UC Riverside não oferecia uma graduação em Ciência da Computação, o que significava ter que procurar em outro lugar. Felizmente, não precisei procurar muito longe, porque coincidentemente, naquele mesmo ano, um departamento de ciência da computação tinha sido aberto somente a 650 quilômetros, na UC Berkeley's College of Arts and Sciences. Agora precisava tomar uma decisão difícil: deveria continuar com meus estudos na UC

JOHN COUCH E JASON TOWNE

Riverside, onde já tinha investido três anos? Ou começar do zero e seguir minha recém-descoberta paixão pela ciência da computação, embora não tivesse nenhuma garantia de que um programa novo de graduação poderia se manter atualizado nessa indústria em crescimento e imprevisível?

Naquele momento, eu me lembrava a toda hora do antigo provérbio africano: "Nunca teste a profundidade da água com os dois pés". Mas no final do meu terceiro ano, decidi ignorar o conselho. Casei com a minha namorada de faculdade e ambos nos transferimos para UC Berkeley, onde eu começaria a construir a base para uma carreira na indústria da computação.

UC BERKELEY

Saí da UC Riverside em 1969, depois de ser aceito no Departamento de Ciência da Computação da UC Berkeley Letters and Sciences, onde ganhei o título de bacharelado em quatro semestres. Então fui aceito no programa de mestrado em Engenharia Elétrica e Ciência da Computação da Berkeley College of Engineering e fui transferido novamente para o departamento de Ciência da Computação como um dos seis alunos do programa de doutorado, e continuei meus estudos por mais dois anos e meio.

Depois de passar nos exames preliminares e completar o programa previsto, eu só precisava terminar a dissertação. Infelizmente, o departamento insistiu que eu focasse em "provar que os programas estavam certos", o que não era do meu interesse. Durante os últimos anos, enquanto fazia o doutorado, percebi que não estava tão interessado em pesquisa teórica, queria aplicar as teorias no mundo real. Eu gostava especialmente de aprender sobre interfaces de usuário de computador e recuperação de erros – as ferramentas que permitiriam que indivíduos sem habilidades técnicas pudessem usar computadores de maneira eficaz.

Em 15 de maio de 1969, eu estava trabalhando em uma tarefa de programação em um sistema de computador Control Data 7600 no Lawrence Hall of Science da Berkeley. Embora estivesse ciente dos protestos no Parque do Povo que estavam acontecendo no campus, não tinha ideia que a data seria lembrada para sempre como "Quinta-feira Sangrenta", o confronto mais violento na história da universidade. O que tinha começado como comícios pacíficos de repente se tornou um tumulto em massa, com mais de 6 mil manifestantes furiosos causando estragos enquanto enfrentavam centenas de policiais e mais de 2.700 soldados da Guarda Nacional. Eu fiquei fora dos protestos porque, embora simpatizasse com o movimento antiguerra, acreditava que a mudança na sociedade tinha mais chances de acontecer por meio da tecnologia do que por protestos. Considerando o que aconteceu naquela quinta-feira, foi uma boa decisão. Minha forte crença no poder da tecnologia me convenceu de que minha carreira seria impulsionada pelo potencial dos computadores e do softwares, e eu estava ansioso para começar.

Depois de pensar bastante, tomei a difícil decisão de abandonar meu doutorado e graduar somente com um diploma de quem só não entregou a dissertação, algo de que não me arrependo. Era satisfatório ter me tornado um dos 50 primeiros graduados da Berkeley com um diploma de Ciência da Computação, uma distinção (e um ponto-chave da minha vida) que logo me levaria a conhecer Steve Jobs e trabalhar para a Apple Computer. Até hoje, acho que essa história parece inspirar outros que sentem como se estivessem no caminho errado na área acadêmica ou profissional. Fico impressionado com a quantidade de pessoas que escolhe evitar a tradição. Anos depois, minha trajetória da Berkeley até a Apple seria destacada no livro best-seller de Todd Rose, *Dark Horse*, o qual conta histórias de pessoas que foram contra a corrente e mudaram de carreira em vários momentos da vida. No fim da minha parte no livro, Rose escreveu: "John decidiu buscar a realização pessoal aproveitando sua individualidade e, assim, alcançou a excelência profissional".

STEVE WOZNIAK

No meio da minha graduação pela uc Berkeley, 80 quilômetros ao sul, um futuro prodígio da engenharia, Steve Wozniak, estava se formando na escola secundária Homestead, a mesma que Steve Jobs tinha começado a frequentar. No ano seguinte, Woz iria para o Colorado fazer faculdade, mas seria expulso no primeiro ano por hackear o sistema de computadores da universidade para aplicar suas pegadinhas de forma mais eficaz. Em 1971, depois de ter construído um computador pessoal, Woz também começou a frequentar a uc Berkeley. Ele conheceu Steve Jobs através de um amigo e, mesmo com a diferença de idade, os dois descobriram ter muitas coisas em comum, especialmente o amor por tecnologia.

Woz, brincalhão que era, já tinha usado ferramentas "emprestadas" de manuais de telefones para criar "blue boxes" digitais, aparelhos que lhe permitiam fazer trotes gratuitos e infinitos para qualquer lugar do mundo. Jobs não era brincalhão como Woz, mas viu o potencial dessas blue boxes e convenceu Woz que deveriam começar a vendê-las. Nem passou pela cabeça deles que seria ilegal. Décadas depois, Steve Jobs disse em entrevistas que se não fossem pelas blue boxes de Woz, a Apple Computer não teria existido.

BILL HEWLETT

Em 1972, quando Steve estava deixando a baía de São Francisco e indo para a Universidade Reed, no Oregon, comecei a trabalhar para Bill Hewlett na Hewlett-Packard, onde programei um computador enorme de 250 mil dólares. Bill era o ceo com quem Steve tinha conseguido as peças e de quem recebera a proposta de estágio. Mas eu me reportava para o dr. Tom Whitney, um gerente de engenharia que supervisionou o Advanced Development Labs, que se tornou o gerente de laboratório hp 3000. O time de Tom no laboratório tinha desenvolvido a primeira calculadora de mão, a hp-35, que foi introduzida no mercado em fevereiro de 1972 por 395 dólares.

A calculadora era uma criação extraordinária, pois podia somar, subtrair, dividir e multiplicar em notação polonesa inversa e também executar funções logarítmicas e trigonométricas.

A pesquisa de mercado da época tinha indicado que ninguém queria, ou compraria, uma calculadora de 395 dólares. Mas Bill Hewlett queria uma e insistiu que deveria ser pequena o suficiente para caber no bolso de sua camisa, diferente de todas as calculadoras daquele tempo. Quando a HP-35 foi lançada, fez tanto sucesso que revolucionou completamente a tradicional régua de cálculo do mercado, mostrando ao mundo que as empresas não deveriam confiar apenas na pesquisa de mercado. Uma das minhas citações preferidas vem de Ralph Waldo Emerson: "As pessoas só podem ver o que estão prontas para ver". Em outras palavras, a pesquisa de mercado só é válida para avaliar mercados existentes, mas é irrelevante para criar mercados completamente novos. Era uma filosofia parecida com a de Henry Ford, fundador da Ford Motor Company – ele disse que se tivesse perguntado às pessoas o que queriam, teriam respondido "um cavalo mais rápido". Não confiar em pesquisas de mercado foi uma das várias filosofias-chave de Bill Hewlett enquanto ele construía a HP, e iria influenciar também várias das minhas decisões na Apple.

Outra filosofia memorável que aprendi com Bill durante os cinco anos que trabalhei para ele foi: "Mais empresas fecham por indigestão do que por fome". Em outras palavras, as empresas precisam tomar cuidado para regular o número de projetos que assumem. Compartilhei essa lição com Steve, que acabou criando sua própria versão ao descrever uma das filosofias da Apple: "Nos orgulhamos mais das oito coisas que não fazemos do que das duas que fazemos".

APPLE COMPUTER

Em 1974, Steve conseguiu seu primeiro emprego como engenheiro na empresa de videogames Atari, trabalhando para o empreendedor Nolan Bushnell. Lá, pagou a Woz, que ainda trabalhava na HP, para ajudá-lo a minimizar o hardware necessário para criar um protótipo de uma versão para um jogador do Pong, um jogo popular que mais tarde foi rebatizado de Breakout. Woz concordou em ajudar, uma das principais razões para o sucesso do jogo. Jobs saiu da Atari logo depois e começou a viajar pela Índia em busca de iluminação, depois voltou e ficou em uma fazenda de maçãs comunitária no Oregon.

No dia 1º de abril de 1976, Steve Jobs, Steve Wozniak e um terceiro sócio, Ronald Wayne, fundaram a Apple Computer. A startup abriu uma loja na garagem de Steve, onde vendiam um computador chamado Apple (mais tarde conhecido como Apple I), projetado e construído à mão por Woz. O Apple I vinha na forma de kit de computador, introduzido no Personal Computing Festival, em Atlantic City, Nova Jersey. Eram vendidos para entusiastas de computadores por exatamente 666,66 dólares, devido à fascinação de Woz por números iguais. No ano seguinte, a Apple foi incorporada e expôs um protótipo do seu novo computador, Apple II, na West Coast Computer Faire, que foi um grande sucesso.

Ouvi falar do Apple II enquanto ainda trabalhava na HP. A ideia era intrigante, mas era difícil imaginar que um computador pessoal pudesse existir naquela época por conta das deficiências que precisavam ser tratadas. A principal era que donos de pequenos negócios, assim como a maioria do público, teriam dificuldades em encontrar pessoas que poderiam fazer programas para aqueles computadores. Não existiam tantos programadores naquela época. Era preciso de algo que chamo de ambiente "datagrama", no qual alguém poderia definir seus dados e relacionamentos exigidos para solucionar problemas, sem precisar aprender a programar usando linguagem de programação procedural. Uma solução para esse problema, que não apareceria até 1978, era o programa "VisiCalc", ou outros como o "HyperCard", e a linguagem de programação visual, que chegaria ainda mais tarde. Embora estivesse fascinado pela ideia de criar um computador pessoal, seria necessário um software robusto para o novo computador da Apple ser, de fato, *pessoal*. E parece que outra pessoa sabia disso também.

CONHECENDO STEVE

Eu estava trabalhando como gerente do setor de software na Hewlett-Packard quando recebi uma ligação do meu antigo chefe, Tom Whitney, dizendo que queria que eu conhecesse Steve Jobs. Depois de seu trabalho na HP-35, Tom tornou-se o gerente de engenharia encarregado da divisão HP 3000, e eu estava liderando o grupo de software. Mas, no começo de 1978, Tom deixou a HP para juntar-se a Steve como Vice-presidente de Engenharia da Apple Computer. A Apple tinha aproximadamente 50 funcionários na época, incluindo dois programadores de software ainda no ensino médio e que só apareciam para trabalhar depois da aula. Estava claro que Tom precisava de mais ajuda com o software e sabia que a minha experiência seria crucial para o sucesso da empresa. Na chamada, Tom explicou como o sistema operacional DOS do Apple II e o intérprete BASIC tinham sido escritos por Woz. Os outros programas eram utilitários: um "Data Mover", que transferia os dados de um gravador de fitas para a memória do computador, e outro programa menos importante. Ele me disse que precisava de ajuda e que queria fazer um almoço na sua casa para eu conhecer Steve. Eu não estava realmente considerando sair da HP, mas por conta do meu respeito por Tom, aceitei o encontro.

Na semana seguinte, fui apresentado a Steve na casa de Tom. Ele não era o que eu esperava. Era um rapaz de 21 anos que parecia ainda mais jovem. Em contraste com minhas calças sociais e camisa branca, ele usava camiseta, calça jeans Levi's velha e sandálias Birkenstock sem meia. Um jovem com olhos intensos, cabelos longos e escuros, como os hippies da época. Era um enigma complexo. Parecia mais um artista de Hollywood do que um empreendedor da computação ou qualquer pessoa que eu estava acostumado a ver na HP. Mas gostei do jeito que ele pensava grande.

Desde o começo Steve compartilhou sua visão de forma apaixonada, com intensidade e entusiasmo que me contagiaram. Ele era mais persuasivo e inspirador do que qualquer pessoa que eu conhecia. Todas as palavras tinham tanto fervor que me atraíram cada vez mais à sua visão ambiciosa para o futuro da Apple. Isso era semelhante a uma obsessão obstinada de tornar os computadores disponíveis para todos no mundo. Ao fazer isso, ele queria, esperava, fazer da Apple a empresa de tecnologia mais importante da história. Ele não tinha dúvida nenhuma de que isso aconteceria, era só uma questão de tempo.

Achei Steve tão inspirador que em somente uma conversa, desprovida de detalhes, ele me fez sentar na ponta da cadeira de tanta empolgação. Sendo oito anos mais jovem do que eu, ele começou a falar sobre mudar o mundo, e eu estava convencido de que mudaria. Eu não tinha dúvida nenhuma de que isso iria acontecer, não por causa de um plano brilhante, mas porque ele ia fazer acontecer de uma maneira ou de outra. O que achei mais intrigante, porém, foi sua habilidade inata de comunicar sua visão através de histórias, analogias e metáforas.

Enquanto me sentava à sua frente no sofá, Steve explicava sua visão sobre computadores pessoais se apoiando na sua interpretação de um artigo que tinha lido na revista *Scientific American*. Era baseado em um estudo que media a eficácia da locomoção de várias espécies no planeta. O estudo concluiu que o condor era a espécie que menos usava energia para se locomover um quilômetro, enquanto humanos não impressionaram, ficando no fundo da lista. Mas o escritor do artigo teve a clarividência de testar a eficiência da locomoção de um humano andando de bicicleta. De repente, o humano na bicicleta ultrapassou o condor e alcançou o topo das paradas. "Isso é um computador", disse Steve. "É a ferramenta mais incrível que o ser humano vai criar, equivalente a uma bicicleta para nossa mente. Da mesma forma que a bicicleta amplifica nossa capacidade física, a tecnologia pode amplificar nosso potencial intelectual." O conceito de um computador pessoal como uma bicicleta mental me chamou a atenção e ficou na minha cabeça desde então.

DECISÕES, DECISÕES

No final da minha primeira conversa com Steve, eu estava convencido. Sabia que esse jovem empreendedor iria fazer algo especial e possivelmente revolucionar a indústria da computação. Minha decisão de sair da Hewlett-Packard para ajudar sua visão não era das mais fáceis. A HP era uma das maiores e mais influentes empresas de tecnologia do mundo. Conseguir um emprego lá era difícil e equivalente a uma joia rara por quem queria trabalhar na área. A Apple, por outro lado, era uma startup desconhecida. Uma escolha arriscada. Eu recebia 65 mil dólares anuais mais bônus na HP e era um dos candidatos para a posição de gerente de engenharia no lugar de Tom Whitney, o que viria com um salário maior e mais benefícios. Em contrapartida, o salário máximo na Apple na época, partindo do CEO, era de 40 mil dólares. Steve disse que queria contratar somente pessoas que compartilhavam da sua visão, e não pessoas que viam a Apple como oportunidade econômica.

Ele me prometeu ações da empresa, mas também esperava que eu aceitasse aquele corte de salário de 25 mil dólares. Eu também deixaria de ser gerente de um grande time de engenheiros de software e não iria gerenciar ninguém. Minha decisão ficava mais difícil por conta da família, pois ela acarretaria em grandes riscos. Nossa conversa terminou comigo prometendo considerar a oferta. Mas, para minha surpresa, alguns dias depois ele apareceu na minha casa sem avisar para tentar me convencer. Levou um computador Apple II, o qual colocou na mesa da minha cozinha, cheio de orgulho. Então olhou para o meu filho de quatro anos, Kris, e disse: "Você pode ficar com ele se o seu pai vier trabalhar para mim". Foi uma ótima estratégia!

Kris ficou obcecado com o Apple II. Nunca queria desligar. Nossa televisão ficou desligada aquele fim de semana inteiro, pois ele estava muito ocupado brincando com sua nova e *interativa* ferramenta. Meu filho estava pedalando aquela bicicleta mental de formas que eu não sabia que alguém de quatro anos seria capaz! Apesar disso, eu tinha que avisá-lo para não se apegar *demais*, porque caso decidisse recusar a oferta, teria que devolver o computador. Kris ficou horrorizado com o simples pensamento. Finalmente, naquela noite de domingo, antes de ir para a cama, ele me olhou com aqueles olhos suplicantes e disse: "Aceita, papai".

CURVA 68

Outro grande fator que influenciou minha decisão entre me juntar a Steve ou permanecer na HP foi a adoção da HP de um método específico de compensação. Era chamado de Curva 68 e baseava o salário de cada funcionário em "anos desde o bacharelado". Essa política acabou limitando as opções salariais para os recém--formados, muitos dos quais já podiam programar bem melhor que programadores experientes da empresa. Era desanimador porque os trabalhadores em potencial podiam olhar alguns anos no futuro e perceber que seu crescimento na HP seria baseado na longevidade, e não na habilidade, o que nunca foi uma opção atraente para pessoas altamente talentosas.

Além de trabalhar na HP na época, eu também dava aula na San Jose State, das disciplinas "Teoria e prática de construção de compiladores" e "Projeto de máquina direcionado por linguagem". Lá, presenciei um exemplo em primeira mão das restrições da Curva 68. Um dos meus alunos, Richard Page, tinha um emprego na Fairchild Semiconductor como codificador de microcomputadores, trabalhando com o processador F8. Na minha aula, usei uma máquina teórica, a Algol Object Code, feita pelo professor Jim Morris, da UC Berkeley. O trabalho de meu curso de compiladores consistia em que os alunos escrevessem um interpretador para o código AOC e um compilador que gerava o código para a máquina teórica dele. Mas Richard foi além do que pedi e escreveu um software que interpretava completamente o código teórico para funcionar em um processador F8. Bastante impressionante. Sempre quis contratar pessoas para a HP que fossem mais inteligentes do que eu, e estava claro para mim que Richard se encaixava no perfil.

Enquanto isso, Ed McCracken, o gerente da divisão HP 3000, tinha acabado de definir os dez maiores objetivos para o nosso time. Um desses objetivos era fazer as instruções de "escanear" e "mover" para um compilador Cobol em microcódigo, o que aceleraria a execução. Não era fácil de cumprir e prometia ser bem demorado. A gestão procurou alguém durante nove meses para esse trabalho, mas não encontraram ninguém, até que eu trouxe Richard para uma entrevista.

Os gerentes de engenharia da HP tinham estimado que, no melhor cenário, alguém precisaria de pelo menos 14 meses para codificar o projeto, mas Richard, que já era importante e bem pago na Fairchild, garantiu que conseguia fazer em seis meses. Fiquei impressionado e acabei oferecendo a ele 100 dólares a mais do que a taxa da Curva 68. Mas, para minha consternação, nosso departamento de RH rejeitou a proposta por estar "acima das diretrizes".

Fui até o chefe do RH, Ken Coleman, e disse: "Esse projeto é uma das dez prioridades do Ed e a vaga está disponível há nove meses!". Ele só olhava para mim enquanto eu continuava: "Agora finalmente encontrei alguém que pode fazer o projeto em seis meses em vez de em 14 e você vai negar minha proposta de oferecer só 100 dólares a mais por mês além do que está nas diretrizes?". Ken deu de ombros, sem falar nada. "Bom, então terei que pedir para Ed passar por cima da sua decisão", eu disse, o que finalmente chamou a atenção dele. "Você não faria isso, faria?", perguntou. "Sem pensar duas vezes!", eu explodi. Embora Ken tenha aceitado no final, era uma batalha que não deveria ter acontecido e eu sabia que não teria acontecido com Steve. Richard foi contratado pela HP, mas acabou me seguindo até a Apple, tornando-se o primeiro membro técnico da empresa e, anos depois, juntou-se a Steve na NeXT.

Embora o desastre da Curva 68 tenha sido frustrante, no final foi a paixão de Steve e sua visão de computadores pessoais como bicicletas mentais que fizeram a diferença na minha decisão. "Tudo que eu tenho é por contribuição de outra pessoa: a casa onde vivo, o carro que dirijo, as roupas que visto e a comida que como", ele me contou na época. "Eu quero retribuir." Como passei a acreditar, Steve sabia que a tecnologia seria uma coisa que daria poder às pessoas e mudaria a vida delas para sempre. Ambos acreditamos que computadores pessoais não deveriam ser só algo que nos leva aos lugares que já fomos, mas que nos permitam explorar, inovar e criar o futuro. "Quando você tem uma empresa, precisa fazer as pessoas comprarem seus sonhos", Steve me falou. "É por isso que tento fazer as pessoas verem o que vejo." Ele com certeza fez isso comigo, pois comprei completamente sua visão ambiciosa e sabia que com as minhas habilidades de programação eu poderia ajudá-lo a realizar seu sonho. Uma semana depois do nosso encontro, eu me tornei o funcionário número 54 da Apple.

CAPÍTULO 2

FUNCIONÁRIO 54

*"Contratamos pessoas que querem fazer
as melhores coisas do mundo."*
STEVE JOBS

Não muito depois de eu aceitar entrar na Apple, Steve me convidou para ir até Cupertino conhecer os executivos, que incluíam o ceo Mike Scott, também chamado de Scotty, o cofundador Steve Wozniak, o chefe de vendas, Gene Carter, o chefe de marketing, Phil Roybal, e o primeiro investidor da companhia, Mike "acm" Markkula. Fiquei impressionado com Mike: formado em engenharia pela usc e experiente gerente de marketing da Intel, onde as opções de ações o tornaram milionário aos 33 anos. Como graduado em Ciência da Computação, encontrei minha alma gêmea, que também gostava de mexer com codificação básica. Na verdade, ele começou a codificar alguns dos aplicativos originais do software para o Apple ii, que incluiu um de planejamento financeiro e outro de impostos.

Mike se tornaria um grande apoiador meu, assim como fez com muitos dos primeiros funcionários da Apple. Algum tempo depois, compartilhou comigo o que pensava sobre organização de empresa. Explicou como as startups de tecnologia estão sempre preocupadas com a engenharia, mas quando percebem que seus produtos não estão gerando tanto lucro, reorganizam-se e começam a focar em marketing e vendas. Então percebem que não estão criando produtos inovadores e mudam para engenharia novamente. O objetivo de Mike na Apple sempre foi cuidar de ambos ao mesmo tempo.

Na minha última entrevista, Scotty, CEO da Apple, perguntou quais eram, na minha opinião, os dois maiores desafios que a empresa estava enfrentando. O primeiro era software, falei, porque a Apple não tinha expertise suficiente para desenvolver softwares necessários para de fato vender sistemas. Ironicamente, seis meses depois, fui promovido a Vice-presidente de Software. Em segundo lugar, disse que pensava que a manufatura era outro grande desafio, porque não estava claro se a Apple tinha capacidade o suficiente para acompanhar o que eu sabia que seria uma demanda imensa. Ele concordou com ambos e pareceu empolgado com minha entrada no time.

Inicialmente, fui contratado pela Apple como o primeiro Diretor de Novos Produtos e reportava diretamente para Steve, que tinha me dado o papel de Vice-presidente de Novos Produtos. Juntos, compúnhamos o time de marketing de produtos da Apple. Eu comecei a trabalhar em outubro de 1978, mas não recebi uma proposta oficial escrita de cara, principalmente porque fazer a parte burocrática não era o forte de Steve. Quando recebi a oferta escrita, em 6 de novembro, já estava trabalhando há semanas.

Apple Computer, Inc.
Bandley Drive, 10262
Cupertino, Califórnia, 96014

6 de novembro de 1978

Querido John,
Isso é para confirmar por escrito nossa oferta de emprego na Apple Computer, na posição de Gerente de Novos Produtos. Essa posição reporta diretamente ao Vice-presidente de Desenvolvimento de Novos Produtos e tem a responsabilidade

de definir, gerenciar e acompanhar todos os novos produtos de acordo com as linhas específicas de produtos. Sua responsabilidade inclui gerenciar a linha do produto LISA. Em compensação pelas responsabilidades mencionadas acima, a Apple oferece:

1. Um salário de 40 mil dólares / ano.

2. Um aumento 5 mil / ano, a partir de 6 meses.

3. Uma opção de compra de 10 mil (10.000) ações da Apple a 3,00 dólares / ação sob o Plano de Opção de Compra de Ações da Apple, com 2.500 ações disponíveis para compra imediata, sujeita à aprovação do Conselho de Administração da Apple.

4. A Apple disponibilizará os fundos para tal compra por meio de uma nota de recurso completa.

Parabéns por juntar-se à empresa de computadores que cresce mais rapidamente no mundo.

Steven Jobs
Vice-presidente, Desenvolvimento de Novos Produtos

CHOQUE CULTURAL

Minha primeira tarefa na Apple foi avaliar e procurar periféricos para o Apple II. Trabalhei com Steve para buscar e conhecer fornecedores terceirizados que podiam adicionar valor à linha de produto do Apple II. Minhas duas primeiras reuniões foram com um manufaturador de impressoras e uma companhia de modems, e foram conduzidas no prédio original da Apple, na rua Bandley, 1. Durante a primeira reunião, alguns representantes de impressoras apareceram em ternos e gravatas bem passados. Eu os acompanhei até uma pequena sala de reuniões onde todos nos sentamos e esperamos por Steve, que chegou atrasado. Todos olhamos chocados quando ele finalmente entrou caminhando descalço, vestindo uma camiseta amassada e com um par de jeans azuis velhos com buracos nos dois joelhos.

Então ele subiu e sentou em posição de lótus no meio da mesa de reuniões. Eu não sabia o que pensar, algo desse tipo jamais aconteceria na HP. Steve então pegou a pequena impressora térmica dos representantes, estudou-a por um momento e, em seguida, olhou para os dois senhores. "Isso é uma porcaria", disse ele. Então desceu da mesa e saiu tranquilamente da sala. O tempo total de reunião foi menos de cinco minutos. Eu olhei para os dois convidados, dei de ombros e disse: "Bom, obrigado por virem". Quando os acompanhei até a porta, pedi desculpas e me perguntei se tinha tomado a decisão certa ao entrar na Apple. *No que fui me meter?*, pensei.

Tínhamos outra reunião agendada naquele dia com outro fornecedor. Dessa vez, tive que me preparar mentalmente porque não tinha ideia do que Steve iria dizer ou fazer. Nessa reunião, estava Dennis Hayes, um dos fundadores da DC Hayes Modem. Ele e seu sócio, Dale Heatherington, eram conhecidos e respeitados na indústria da tecnologia por terem inventado o PC modem um ano antes. Dennis era o mais focado em negócios dos dois, por isso estava presente. Quando chegou, levei-o até a sala de reuniões e esperamos. Steve entrou e novamente subiu na mesa e se sentou em posição de lótus no meio dela. Lembro de pensar: *lá vamos nós novamente*. Ele pegou o "Micro Modem II" preto brilhante, estudou por 15 segundos e disse: "Vou querer um milhão desses".

Dennis, praticamente engasgado, olhou para mim incrédulo e explicou que eram uma empresa nova, incorporada há alguns meses, e que ainda não conseguiam produzir um milhão de modems. Disse para não se preocupar, que pensaríamos em algo. Depois dessa segunda reunião, entendi que no mundo de Steve as coisas eram sempre ou isso, ou aquilo. Bom ou ruim. Maravilhoso ou porcaria. Não havia matizes, e ele sabia na hora o que queria. A Apple acabou usando o modem da DC Hayes e foi um sucesso.

Quatro anos depois daquela reunião, vi que Steve mantinha seu próprio *dress code*. Só depois da IPO da Apple que ele começou a se vestir usando roupas da Wilkes Bashford e eventualmente começou a usar sua famosa camiseta preta de gola alta. Para mim, foi um alívio poder vestir um par de calças Levi's, uma camisa sem gravata e Birkenstocks no trabalho. Era Steve e a Apple, no começo dos anos 1970, que começaram com o *dress code* que os empresários e programadores do Vale do Silício continuam vestindo atualmente, embora quase todos costumam usar sapatos. Sabíamos desde o começo que usar um terno não nos deixava mais espertos, nem influenciava no sucesso da empresa.

Depois da minha primeira semana na Apple, eu já sabia que seria um desafio trabalhar com Steve e me ajustar a um ritmo tão alucinante e inovador. Mas amava esse emprego justamente por esses motivos e estava ansioso para ver a diferença que poderíamos fazer no mundo. Quando íamos a todo vapor para o ano de 1979, estávamos fazendo um enorme progresso diário e conforme nos aproximávamos de nossas metas, comecei a compreender que essa era realmente uma oportunidade única na vida. Tive que passar anos me preparando para esse emprego sem perceber e, desde o meu primeiro dia, sabia que agora era parte de algo extraordinário.

TRIP HAWKINS

Em algum momento de 1978, um cara chamado Trip Hawkins foi contratado por Mike Markkula como Diretor de Estratégia e Marketing da Apple e recebeu a tarefa de atualizar o plano de marketing. Trip era parte essencial do time inicial da Apple e veio com credenciais incríveis. Como estudante de graduação em Harvard, projetou sua própria especialização chamada "Estratégia e Teoria Aplicada de Jogos"; depois estudou na Stanford Business School e, finalmente, ingressou na Apple como seu 68º funcionário.

Trip também se tornaria o diretor de marketing original do Lisa, mas acabaria saindo da empresa antes de seu lançamento, para lançar uma startup de videogames chamada Electronic Arts (EA), que hoje vale mais de 40 bilhões de dólares. Mas no começo do ano 1979, enquanto Trip ainda estava na Apple, ele tinha completado e distribuído um rascunho do seu novo plano de marketing para empregados-chave. Ele fez um excelente trabalho capturando o cenário competitivo da época e definindo os objetivos iniciais de marketing da Apple. O plano era:

> 1979 promete ser o ano mais difícil da história da Apple. Pelo menos quatro corporações entrarão no mercado de computadores pessoais. TI, Atari e Mattel tomaram a decisão de participar. Várias empresas japonesas, como Sanyo, Matsushita e Toshiba, mostraram protótipos impressionantes. Commodore, Bally, Cromemco e Ohio Scientific terão uma presença notável em vários segmentos do mercado e não podem ser desconsideradas. A Radio Shack, como líder de mercado em 1978, tentará manter sua posição com o TRS-80 enquanto desenvolve produtos adicionais e uma nova cadeia de lojas de computadores.

SITUAÇÃO DA APPLE

Os pontos fortes para 1979 são:
- Imagem como empresa de computadores pessoais "Cadillac", incluindo o produto, suporte e esforços de marketing;
- Mais de dois anos de experiência distribuindo computadores através dos canais de varejo;
- A habilidade de entregar mais unidades de disquete do que qualquer outra empresa da indústria.

Os relativos pontos fracos da Apple são:
- Inabilidade do existente Apple II permitir a penetração de canais de distribuição para consumidores;
- Software de aplicativos inadequado;
- Inabilidade de cumprir prazos.

OBJETIVOS DA APPLE PARA 1979:

1. Manter a imagem como #1 no mercado de computadores montados;
2. Tornar-se uma fornecedora líder para instituições educacionais;
3. Estabelecer o nome Apple no mercado de negócios e preparar a base de clientes em potencial para o Lisa. (Início de 1980);
4. Manter a visibilidade e participação entre os consumidores por meio da mídia, enfatizando a imagem de "Cadillac" até que a Apple possa oferecer um verdadeiro produto de consumo. (Meados de 1980);
5. Tornar-se um fornecedor dominante de computadores pessoais com disquetes;
6. Estabelecer uma forte base de consumidores OEM;
7. Rapidamente procurar e desenvolver softwares de aplicativos, focando no mercado de negócios e educação;
8. Tornar-se líder e expert em vender computadores através de canais de distribuição de varejo independentes.

SURTO DE CRESCIMENTO

Quando me perguntam como era a Apple no começo, minha reposta é: veloz e furiosa. A taxa de crescimento durante aquele período era astronômica. Dentro dos primeiros cinco anos, a Apple alcançou 100 milhões de dólares em vendas, tornando-se a empresa que cresceu mais rápido nos Estados Unidos. Com essa taxa de crescimento, precisamos dar tudo de nós para tentar manter o ritmo. Algumas vezes sofremos para encontrar espaço suficiente no prédio para lidar com o crescimento e, mesmo quando encontramos, teríamos sorte se conseguíssemos as aprovações do edifício rápido o suficiente. Novos funcionários eram contratados a uma taxa tão rápida que praticamente estavam trabalhando empilhados! Eventualmente Steve ficou tão frustrado enquanto esperava a aprovação de um prédio que alugou trailers móveis e os transformou em escritórios provisórios com placas da Califórnia.

Um segundo exemplo do crescimento rápido aconteceu depois que decidimos montar uma nova fábrica em Carlton, Texas. Imediatamente depois de tomar essa decisão, começamos a colocar anúncios procurando funcionários de manufatura. Na segunda semana, estávamos fazendo entrevistas e na quarta semana nossos novos contratados já estavam fabricando e produzindo computadores Apple II. Foi uma reviravolta incrivelmente rápida para os padrões de qualquer pessoa.

Outro desafio relacionado ao crescimento era a dificuldade em instalar os telefones em tempo hábil, um problema que nos atrapalhou ainda mais do que a falta de espaço. Certa vez, eu estava fazendo uma apresentação para uma dúzia de executivos da AT&T em um retiro no Colorado. Já que estava com "os caras do telefone" na minha frente, decidi repreendê-los por não conseguirem acompanhar a demanda da Apple no Vale do Silício: "Como é possível construirmos a planta de uma fábrica e ter Apples II sendo fabricados mais rápido do que vocês conseguem instalar um telefone?". Mesmo em tom de brincadeira, eles sabiam que era verdade. Logo depois da reunião, vários daqueles executivos me mandaram seu currículo, torcendo para sair da AT&T e entrar na Apple.

VALORES E CULTURA DA APPLE

Embora o ritmo durante o surto de crescimento da Apple provocasse estresse, também empolgava e criava uma cultura muito interessante. Todo ano contratávamos mais pessoas do que no ano anterior, mas a velocidade, os expedientes longos e as expectativas altas não eram para qualquer um. Isso gerou uma taxa de rotatividade relativamente alta, principalmente porque, em nossa pressa para contratar, estávamos trazendo algumas pessoas com valores desalinhados e expectativas de uma cultura corporativa que não era representativa da Apple. O que estávamos fazendo era tão único que foi desafiador definir os valores e explicar exatamente essa cultura. Acabaríamos conseguindo documentar nossos valores e expectativas, e para garantir que todos os novos funcionários entendessem, revisamos e atualizamos completamente nosso programa de integração de gerentes. Nosso primeiro documento sobre os "Valores da Apple" consistia de nove pontos-chave:

1. **Empatia com clientes/usuários:** Oferecemos produtos superiores que atendem necessidades reais e fornecem valores duradouros. Lidamos de forma justa com os concorrentes e nos esforçamos em atender clientes e fornecedores. Estamos genuinamente interessados em resolver os problemas dos clientes e não comprometeremos nossa ética ou integridade em nome do lucro.

2. **Realização/agressividade:** Definimos metas agressivas e nos esforçamos muito para alcançá-las. Reconhecemos que este é um momento único, em que nossos produtos mudarão a maneira como as pessoas trabalham e vivem. É uma aventura, e estamos nela juntos.

3. **Contribuição social positiva:** Como cidadã corporativa, desejamos ser um ativo econômico, intelectual e social nas comunidades onde operamos. Mas, além disso, esperamos tornar este mundo um lugar melhor para se viver. Construímos produtos que estendem a capacidade humana, libertando as pessoas do trabalho enfadonho e ajudando-as a alcançar mais do que poderiam sozinhas.

4. **Inovação/visão:** Construímos nossa empresa pensando em inovação, fornecendo produtos novos e necessários. Aceitamos os riscos atrelados à nossa visão e trabalhamos para desenvolver produtos de liderança que levam à margem de lucro que desejamos.

5. **Performance individual:** Esperamos comprometimento e performance individual acima do padrão da indústria. Só assim teremos o lucro que nos permite ir atrás de outros objetivos corporativos. Cada funcionário pode e deve fazer a diferença na análise final, INDIVÍDUOS determinam o caráter e a força da Apple.

6. **Espírito esportivo:** Trabalho em equipe é essencial para o sucesso da Apple, pois o trabalho é grande demais para ser feito sozinho. Indivíduos são encorajados a interagir com todos os níveis de gerenciamento, compartilhando ideias e sugestões para melhorar a eficácia e qualidade de vida da Apple. Precisamos de todos para vencer. Apoiamos uns aos outros e compartilhamos as vitórias e recompensas. Estamos empolgados com o que fazemos.

7. **Qualidade/excelência:** Nos importamos com o que fazemos. Incorporamos nos produtos da Apple um nível de qualidade, desempenho e valor que conquistará o respeito e a lealdade dos clientes.

8. **Recompensa individual:** Reconhecemos a contribuição de cada pessoa para o sucesso da Apple e compartilhamos recompensas financeiras de acordo com a performance. Reconhecemos também que recompensas também devem ser psicológicas, além de financeiras, e prezamos por um ambiente onde cada indivíduo possa compartilhar da aventura e da animação de trabalhar na Apple.

9. **Bom gerenciamento:** A atitude dos gerentes é de suma importância. Os funcionários devem poder confiar nos motivos e integridade de seus superiores. É responsabilidade do gerente criar um ambiente produtivo onde os valores da Apple florescem.

Mais tarde, os Valores da Apple foram simplificados no que chamamos de Projeto de Qualidade de Vida da Apple. Nossos valores revisados foram descritos como:

- Uma pessoa, um computador.
- Vamos em frente e definimos metas agressivas.
- Estamos juntos nessa aventura.
- Construímos produtos em que acreditamos.
- Estamos aqui para fazer uma diferença positiva na sociedade, assim como para obter lucro.
- Cada pessoa é importante; cada um tem a oportunidade e a obrigação de fazer a diferença.
- Estamos juntos nessa, ganhando ou perdendo.
- Somos entusiasmados!
- Somos criativos; ditamos o ritmo.
- Queremos que todos aproveitem a aventura juntos.
- Nos importamos com o que fazemos.
- Queremos criar um ambiente no qual os valores da Apple floresçam.

CARTAZES DE INOVAÇÃO

A primeira pessoa a comandar o departamento de recursos humanos da Apple falhou miseravelmente porque não entendeu nossa cultura. Uma vez, mandou um memorando dizendo que tinha implementado uma nova regra de que a partir de agora a Apple só reembolsaria as despesas de mudança para recrutados que moravam a mais de 80 quilômetros de distância. Com a Apple no coração do Vale do Silício, com Stanford a menos de 80 quilômetros de distância e a uc Berkeley a 91 quilômetros, isso significava que eu poderia oferecer cobrir as despesas de mudança para graduados da Berkeley, mas não para os de Stanford. Não fazia sentido e era uma mudança ridícula. "Você não entende", falei. "Não seguimos regras e leis inflexíveis aqui, operamos pensando em relacionamentos." Ele discordou completamente e "deixou" a Apple nas semanas seguintes.

A próxima chefe do departamento de recursos humanos foi Ann Bowers, uma mulher brilhante que entendia a cultura da Apple e o que queríamos atingir. Ann era a esposa de Ed Noyce, cofundador da Intel Corp, o grande fabricante de chips semicondutores, com sede na cidade vizinha de Santa Clara, Califórnia. Eu especialmente gostava que ela estava aberta a fazer as coisas de maneiras diferentes e que sempre encorajava os funcionários a darem feedback. Ela e eu tínhamos várias reuniões sobre o tipo de pessoas que precisávamos contratar e os processos necessários para orientar os novos gerentes. Antes da chegada de Ann, eu tinha criado o que chamei de "Cartazes de Inovação", um conjunto de princípios e expressões para ajudar a espalhar a cultura criativa da Apple e motivar meu time. Esses cartazes tinham frases como:

- Se há uma luz no fim do túnel, alguém já esteve lá antes.
- Não vamos discutir sobre diamantes e esmeraldas quando o mundo tem carvão.
- A Recompensa está na Jornada.
- Saiba a diferença entre esforço e resultados.
- Inspire, não requeira.
- Um ponto de vista diferente vale 100 pontos de Q.I.
- Acredite em milagres, mas não os coloque na agenda.
- É mais divertido ser um pirata do que entrar na Marinha.
- Jogue criatividade no projeto, não o talão de cheques.

Fiquei feliz em ver que Ann gostou dos cartazes e começou a usá-los como forma de alavancar nosso novo programa de integração, o Apple University, que consistia em uma semana inteira de treinamento de novos funcionários e se destinava principalmente a novos gerentes. A meta era inspirá-los a pensar diferente em vez de seguir os passos tradicionais. Frequentemente as pessoas vinham para a Apple com atitudes e culturas de suas experiências e empregos anteriores. Em sua cabeça, se viessem de uma empresa com organização baseada em estrutura de divisão, então a Apple deveria ser organizada por divisões. Se viessem de um departamento de RH com inúmeras políticas e regras, então queriam colocar isso em prática na Apple. Esse tipo de pensamento foi a razão de quase nunca contratarmos pessoas da IBM, cuja cultura era muito diferente da nossa.

STEVE JOBS E EU: MINHA CARREIRA NA APPLE

Uma das coisas que queríamos fazer com a Apple University era transmitir aos novos contratados que estávamos criando um novo mercado, então precisavam deixar suas ideias preconcebidas para trás. Para deixar isso claro, tínhamos várias estratégias, mas uma das coisas de que mais me lembro foi um "teatro" que deu o pontapé inicial. No primeiro dia de aula dos novos gerentes, Ann chegaria um pouco atrasada vestindo um terno de três peças e gravata, carregando uma pasta e uma pilha de livros de administração. Então eu diria a ela: "Bem-vinda à Apple, tem um lugar aqui na frente para você, e nosso *dress code* é um pouco menos formal". Ela iria até a cadeira e então "acidentalmente" derrubaria os livros.

Enquanto começava a ajudá-la a pegar os livros, disse que ela não precisaria do plano de negócios do seu antigo emprego ou de nenhum livro de administração, porque eram a antítese da cultura da Apple, e que íamos em direções nunca antes exploradas. Sempre que encenávamos aquilo, percebíamos recrutas começando a esconder discretamente os planos de negócios e os livros de administração que *tinham* trazido. Depois da esquete, eu compartilhava nossos Cartazes de Inovação e, no fim da primeira aula, todos entendiam que a Apple era única e que, para terem sucesso lá dentro, precisariam pensar diferente. Os Cartazes de Inovação facilitaram a integração dos novos contratados e eu estava orgulhoso do trabalho que Ann e eu fizemos. Sempre me senti honrado por ter sido o executivo que abriu a primeira Apple University.

CAPÍTULO 3

OS PRIMEIROS DIAS

*"Uma das coisas que fez a Apple ótima foi que,
nos primeiros dias, foi construída com o coração."*
STEVE JOBS

Em março de 1979, cinco meses depois que comecei a trabalhar lá, convidaram-me para ser Vice-presidente de Software, uma área negligenciada por conta do foco intenso da Apple nos hardwares e periféricos do Apple II e Apple III. Antes de criar o Apple Disk, em 1978, Woz tinha desenhado e desenvolvido uma placa de impressora, uma placa de comunicações, a PAL APPLE II e um APPLE II com teclado Árabe. Junto com seu amigo John Draper, tinha criado antes uma placa de telefone chamada "Charlie board", em um escritório privado fora da gerência da Apple. De acordo com Woz, a funcionalidade da placa era "inigualável por doze anos, mas nunca se tornou um produto da Apple porque outros na empresa não confiavam em Draper".

Em comparação, as ofertas de software da Apple eram limitadas. Na lista de preços de software, Hank Smith, um investidor e membro do conselho, tinha escrito um bilhete para mim, com palavras não tão sutis: "Isso é lamentável, boa sorte, faça rápido". Era verdade, a Apple precisava muito de um software, e rápido.

Outros membros externos do conselho, Art Rock, Henry Singleton e Don Valentine, ecoaram desafios semelhantes e era evidente como os membros internos do conselho como Steve, Mike e Scotty sabiam que eu tinha a experiência em software para ajudar.

PLANOS DE SOFTWARE

Meu objetivo inicial nessa nova posição era criar um plano de software para unir estrategicamente os produtos de hardware e software da Apple. O plano para o mercado consumidor do Apple II era "quanto mais, melhor", o que significava encorajar os desenvolvedores de software com linguagem de programação mais procedural (Pascal, Fortran etc.) a desenvolver novos programas ou adaptar novos programas para o Apple II e o Apple III. Para o pequeno mercado de negócios do Apple III, em fase inicial de desenvolvimento, o plano era desenvolver um novo sistema operacional com um sistema de arquivos que suportaria Pascal e outras linguagens de programação procedurais. E depois havia essa ideia de um computador chamado Lisa, que iria ser feito para o mercado corporativo, mas que até então só existia nos nossos sonhos. O plano para o Lisa parecia simples, mas seria um grande desafio: fazer um computador que *todo mundo* pudesse usar.

Antes do meu começo na Apple, Steve tinha me falado sobre Lisa, um nome de código para um computador revolucionário. Na verdade, era um dos vários nomes codificados que usávamos publicamente quando nos referíamos a projetos da Apple. O Apple III era chamado de Sara, por conta da filha do designer Wendall Sander. Também havia um projeto pequeno, e praticamente desconhecido, chamado Annie, e depois Lisa, em homenagem à filha de Steve, nascida alguns meses antes da minha chegada. Por algum motivo, Steve não queria que o público soubesse que o computador levava o nome de sua filha, então para tentar manter a privacidade, nós inventamos uma sigla falsa, dizendo para a mídia que LISA significava

"Locally Integrated Software Architecture" (Arquitetura de Software Localmente Integrada). Não significava nada, mas soava bem legal.

Minha primeira prioridade como VP de Software era trabalhar no Apple II. Era nosso único computador disponível para o público e gerava todo o lucro da Apple, mas também precisava desesperadamente de mais aplicativos. Então, primeiramente, precisaria descobrir como maximizar o número de programas rodáveis ou, como Steve disse de forma mais explícita: "Quero que *todos* os programas do mundo rodem no Apple II". A ironia era que Steve não acreditava que padrões e compatibilidade eram importantes e achava que inibiam a criatividade e a inovação.

Mas agora eu era responsável por alcançar isso, garantindo que o Apple II pudesse rodar qualquer programa e, pior ainda, ele queria isso até o Natal! "Steve, não temos um monopólio da criatividade", falei para ele, insistindo que conseguir atingir um objetivo tão grande não poderia ser feito apenas internamente. Avisei que precisaria poder alavancar a criatividade de outros, projetando um programa de desenvolvimento de terceiros que encorajaria desenvolvedores externos a escrever aplicativos para o Apple II e o Apple III. Por fim, ele concordou que desenvolver esse programa era a melhor decisão, então contratei meu amigo Mike Kane para o meu time e o deixei encarregado de supervisionar a criação do programa.

BILL BUDGE

Para garantir que o novo programa fosse um sucesso, eu queria convencer meus amigos da UC Berkeley e da Hewlett-Packard a escrever aplicativos de software robustos que poderiam tirar proveito do crescente mercado de computadores pessoais. A primeira pessoa com quem falei sobre isso foi Bill Budge, que tinha comprado um Apple II enquanto ainda era aluno da UC Berkeley e já tinha escrito jogos para o computador, inclusive uma cópia do incrível Atari Pong, que chamou de Penny Arcade. Conversei com ele e fiquei feliz em saber que ainda estava interessado em se tornar um programador profissional de videogames. Eu sabia que seria uma ótima oportunidade para melhorar os programas do Apple II, porque nessa época os jogos já eram um dos programas mais vendidos. Hoje, quando qualquer sistema de hardware é apresentado, os desenvolvedores sempre fazem jogos primeiro para ficarem conhecidos mais rápido. Eles exploram o sucesso do jogo como uma forma de introduzir aplicativos que não sejam jogos.

Felizmente consegui convencer Bill a trocar alguns programas de jogos por uma impressora Centronics, prometendo que colocaria seus programas no disco DOS que acompanhava todo Apple II – um formato primário de pacote que outras companhias de software, como a Microsoft, implementariam mais tarde. Disse para Bill que esse combinado apresentaria o trabalho dele para milhões de consumidores e faria dele um "Herói do Software". Ele gostou dessa ideia e concordou com a troca, o que ajudou a acelerar tanto o sucesso dele quanto o do Apple II. Ele também iria criar ferramentas e bibliotecas de gráficos que ajudassem outros designers de jogos a adicionar softwares ao Apple II.

Logo depois que Bill e eu chegamos num acordo, ele compartilhou comigo um de seus últimos jogos, chamado Pinball. Joguei e inicialmente amei, mas depois ficou um pouco repetitivo. Disse para ele que era divertido, mas tinha receio de que as pessoas enjoassem rápido. Sugeri que tornasse um pouco mais interessante, permitindo aos jogadores trocar o número de palhetas, para-choques e bolas. Ele gostou muito da ideia e começou a trabalhar nela. Conseguiu desenvolver relativamente rápido o que chamou de "Kit de Construção de Pinball". Era um dos primeiros jogos interativos de computador que dava aos jogadores a oportunidade de mudar coisas dentro do próprio jogo, permitindo novas experiências a cada vez que jogavam. Hoje muitos jogos populares, como Minecraft, Roblox e Fortnite, possuem esse tipo de funcionalidade, mas naquela época era um conceito incrível. Como previ, Bill seria reconhecido como o primeiro *Herói de Software* terceirizado da Apple.

Enquanto Bill Budge continuava a criar jogos compatíveis, a Apple também estava desenvolvendo outros tipos de programas de software, que incluíam: Apple Post, Apple Writer, Dow Jones Portfolio Manager, Shell Games, Apple PLOT e Cashier. O primeiro software de contabilidade, Controller, foi desenvolvido pela Dakin 5, no Colorado e, para a Apple, tornou-se um programa crítico. Mas a aplicação que viria a desempenhar o papel mais importante no aumento de vendas do Apple II era chamado VisiCalc, o primeiro programa de planilhas do mundo. Fiquei tão impressionado com a versatilidade do programa que dei um Apple II de presente para os dois criadores, Dan Bricklin e Dan Flystra. Eu queria fazer tudo que fosse possível para garantir que o hardware da Apple seria o primeiro a implementar o VisiCalc. Também estava ficando claro que o programa tinha o potencial de ser o tipo de modelo de "datagrama" necessário para empoderar não programadores a solucionar problemas sem ter que aprender a linguagem procedural.

DESENVOLVIMENTO DE APLICATIVOS

Outra coisa que fizemos para encorajar o desenvolvimento de mais programas para o Apple II foi fornecer aos desenvolvedores ambientes adicionais de programação além do DOS e Basic. No verão de 1979, a Apple conseguiu um acordo de licenciamento com a UC San Diego (UCSD) que nos deu os direitos de vender o Pascal da UCSD no hardware da Apple em troca de quarenta Apple II para serem utilizados no laboratório da universidade. Esse acordo bom demais para ser verdade foi possível porque Bill Atkinson, um dos melhores programadores da Apple, tinha se graduado na UCSD. Também ajudou que Jef Raskin, Diretor de Publicações da Apple, contratado por Steve para escrever o manual de programação BASIC do Apple II, também tinha contatos importantes na instituição.

Em certo momento, Jef e Brian Howard, que coescreveram o manual de Pascal, perceberam que o gráfico de sintaxe publicado nos manuais anteriores estava errado. Trabalharam juntos para criar um novo cartaz de sintaxe separado por cores para ajudar a entender a linguagem Pascal. Os cartazes fizeram muito sucesso com os desenvolvedores, porque eu sempre os via em cima da mesa deles. Quando o acordo UCSD Pascal foi fechado, viajei para Zurique para encontrar o professor Niklaus Wirth, o respeitado criador da linguagem. Foi uma honra conhecê-lo, e fiquei extasiado porque, ao fim da nossa reunião, obtive sua permissão para usar seu nome nas nossas propagandas. Isso deu mais credibilidade à Apple com programadores terceirizados e acesso total à primeira linguagem de alto nível, diferente do BASIC para o computador pessoal.

Ainda consegui convencer o professor Wirth a autografar minha cópia pessoal de um pôster da Pascal! Steve viu que o pôster seria um ótimo veículo promocional para a propaganda *Apple Pascal*, então pediu para um artista profissional fazer o pôster em 3D. No estilo Steve Jobs, pediu para o artista trocar as cores do pôster, o que fez o quadro perder sua funcionalidade de programação. Steve não informou a Jef dessa mudança, então Jef não soube até depois que milhares de cópias foram impressas. Era tarde demais para Jef reclamar e, mesmo que reclamasse, não havia muito o que pudesse fazer. Steve garantiu que o novo design era muito melhor do que o original, mesmo com a falta de funcionalidade para programação. Esse é um bom exemplo de quanto Steve apreciava e priorizava design e aparência sobre funcionalidade.

O PROJETO LISA

Quando cheguei na Apple, a empresa estava trabalhando somente em dois computadores, o Apple II e o Apple III. O Apple III foi pensado para ser um computador evolucionário voltado ao mercado de pequenos negócios. Ele deveria ser o sucessor do Apple II e rodar o software do antigo computador suprindo as deficiências do anterior. Como eu ainda era somente Diretor de Novos Produtos na época, não tinha nada a ver com o Apple III, mas sabia que estava cheio de problemas de hardware, o que fazia muitos de nós ficarmos preocupados de que poderia apresentar ainda mais problemas quando fosse enviado para os clientes. Nunca pensei muito no Apple III, porém, pois Steve deixou claro que tinha me contratado para trabalhar em computadores revolucionários, não evolucionários.

O computador que mais me interessava e no qual queria trabalhar era o Lisa. Steve tinha me falado que *esse* era o revolucionário e escreveu especificamente na minha carta de contratação que uma das minhas responsabilidades seria "gerenciar toda a linha de produtos LISA". Eu estava ansioso para começar, mas logo percebi que não existia um Lisa e que também não havia uma definição clara de como o Lisa deveria ser! O computador na verdade era pouco mais do que uma *ideia*. Para a minha sorte, quando fui promovido a VP de Software, Lisa já era pelo menos um projeto aberto da Apple, para o qual eu poderia finalmente começar a definir estratégia e funcionalidade de software. Para fazer isso de maneira eficaz, sabia que precisaria trabalhar de perto com nosso time de hardware e garantir que o computador seria capaz de rodar softwares revolucionários.

Na primavera de 1979, sentei com Steve e Trip Hawkins para discutir nossa visão para Lisa. Decidimos que precisaria ser uma máquina poderosa e intuitiva o suficiente para que os "trabalhadores do conhecimento" (como funcionários e gerentes de escritório) corporativos conseguissem ligar e descobrir em questão de minutos o que fazer, sem precisar de manual. Embora Steve amasse o Apple II e tivesse grandes expectativas para o Apple III, ainda sentia que a curva de aprendizado para usá-los era muito grande para pessoas com pouca experiência com tecnologia. Os computadores, naquela época, rodavam com sistemas operacionais que utilizam instruções de linha de comando – intimidantes e confusas para vários usuários em potencial. Ao ligar o computador, o usuário via uma tela preta e uma linha vertical branca piscando, à espera de instruções digitáveis. Usuários que não sabiam o que digitar não conseguiam usar o computador. Mesmo para aqueles que sabiam as instruções certas, o que podiam fazer com a máquina era limitado.

Steve Wozniak, o outro cofundador da Apple, já era considerado um dos melhores e mais respeitados engenheiros do Vale do Silício. Depois de desenhar o Apple I e o Apple II, ele deveria ser o designer do Lisa, mas como a Apple ainda não tinha um plano, não havia como fazer o design. Quando cheguei, ele já estava com outros projetos. Isso significava que em vez de trabalhar diretamente com Woz, o que eu estava ansioso para fazer, acabei trabalhando com Ken Rothmuller, um antigo gerente da HP com quem eu tinha trabalhado antes de entrar na Apple.

Ken àquela altura tinha trabalhado no departamento de engenharia de Tom Whitney e me falaram que era o chefe de hardware do Lisa, que imaginei que deveria ter sido um trabalho fácil, considerando que não *existia* um hardware do Lisa. Mesmo assim, Ken tinha sua própria visão para o hardware de Lisa, mas que não batia com a minha visão ou a de Steve. A visão de Ken não era revolucionária, parecia mais uma versão envenenada do Apple III. Ele sempre falava que Lisa deveria ter atalhos no teclado e teclas de funções – a mesma funcionalidade colocada em várias calculadoras e terminais da HP.

Para ser justo, nem Steve nem eu sabíamos, naquela época, como hardwares e softwares revolucionários de computador deveriam ser, mas tínhamos sido claros sobre como *não deveriam* ser. Eu também sabia que, se fosse para empoderar não programadores, o computador precisaria sair da linha de comando textual, oferecer linguagem de programação de alto nível e poder rodar softwares mais sofisticados. Precisaria de muito mais memória e um processador de 16 bits bem mais rápido, capaz de acompanhar um software que consome muitos recursos. Mas Ken não concordava e continuou a defender sua visão mais tradicional para o Lisa, mesmo depois de Steve e eu termos deixado claro várias vezes que queríamos algo completamente revolucionário. Ken sempre foi um colega e amigo confiável, mas não importava quanto eu tentasse, não conseguia fazê-lo mudar de ideia em relação ao design de hardware do Lisa. Apesar disso, era minha responsabilidade apresentar para Steve como Lisa deveria ser e era isso que eu pretendia fazer.

XEROX PARC

Em dezembro de 1968, Douglas Engelbart, um engenheiro e inventor renomado, estava programado para fazer uma apresentação pública que chamou de "A mãe de todas as demonstrações". Era um nome de peso, mas era adequado, pois ele estava prestes a introduzir ao mundo algumas coisas peculiares que tinha desenhado enquanto trabalhava no SRI International Research Institute. A plateia estava ansiosa e inquieta, e Engelbart revelou tecnologias que viriam a ser as precursoras de uma interface gráfica de usuário (GUI) e um mouse de computador. Na época de sua demonstração, ninguém nunca tinha visto nenhuma dessas coisas antes, e ambas eram bastante revolucionárias.

Mesmo a apresentação sendo um espetáculo, quando terminou, algumas pessoas questionaram a utilidade dessas invenções, primeiramente porque o computador que ele estava usando para mostrar era grande e volumoso, não parecia nada prático. Apesar disso, um grupo de executivos da Xerox Corporation reconheceu imediatamente o potencial das invenções. A Xerox estava no mercado desde 1906, mas apenas recentemente começava a expandir suas divisões de pesquisa e desenvolvimento tecnológico. Acreditavam que tinham visto o futuro e tinham toda a intenção de fazer parte dele. Queriam criar uma versão mais prática das invenções de Engelbart, mas isso exigiria muito tempo e dinheiro. Então, ao invés de comprar ou licenciá-las, os executivos da Xerox simplesmente as copiaram.

Dois anos após a apresentação de Engelbard, a Xerox já estava fazendo progresso significativo na sua versão de GUI e mouse, desenvolvidos no Xerox PARC, suas novas instalações de pesquisa e desenvolvimento. O plano de negócios do Xerox PARC consistia em desenvolver protótipos inovadores e licenciá-los para grandes empresas. Esse tipo de modelo de negócios significava que empresas de várias indústrias sempre estariam entrando e saindo do Xerox PARC enquanto buscavam ideias novas. Mas apenas em 1973 a Xerox finalmente desenvolveu uma versão viável das invenções de Engelbart, um computador que chamaram de Alto. Nos seis anos seguintes, continuaram ajustando o "Xerox Alto", mas nunca conseguiram chegar no ponto de vendê-lo comercialmente. Era, de fato, uma melhora significativa da primeira versão de Engelbart, mas ainda não conseguiam superar o desafio principal do inventor: o computador era muito caro para ser considerado um computador pessoal.

APPLE ENCONTRA ALTO

No outono de 1979, Bill Atkinson, engenheiro de software da Apple, tinha ouvido falar do Xerox Alto e visitou a empresa para uma demonstração. Ficou chocado com o que viu e correu de volta à Apple para contar tudo. Steve ficou intrigado e foi até a Xerox para ver a demonstração também. Soube na hora que estavam no caminho certo, especialmente a respeito da versão deles de GUI e mouse de Engelbart. Ele não conseguia deixar de imaginar como seria o Lisa se os engenheiros da Apple tivessem acesso a esses tipos de tecnologias. Então decidiu chegar em um acordo com a Xerox, em que ele lhes daria o direito de comprar ações da Apple antes de sua IPO e, em troca, "levantariam seu quimono" e dariam aos membros-chave da equipe Lisa duas demonstrações privadas do Alto.

A essa altura, o Lisa estava nos primeiros estágios de design, pois a prioridade eram as melhorias do Apple II, o produto que mais rendia lucro. Em dezembro de 1979, porém, alguns executivos da Apple, incluindo Steve, Bill Atkinson, Bruce Daniels, eu e alguns membros importantes do time Lisa, viajamos para o Xerox PARC e assistimos à demonstração. Ficamos deslumbrados, porque era o primeiro computador com uma GUI e um mouse que funcionavam. Ficamos chocados com o que o Alto podia fazer, mesmo se fosse grande demais para uso prático e limitado em programas. Assim como os executivos da Xerox se inspiraram pela "Mãe de todas as demonstrações" uma década antes, agora nós nos inspiramos para implementar nossa própria versão revolucionária das invenções de Engelbart como parte do Lisa.

Quando voltei para a Apple, não conseguia parar de pensar no que podíamos fazer com o que tínhamos visto. Steve e eu começamos a conversar sobre como a GUI era o futuro dos computadores pessoais. Sabíamos que isso era exatamente o que Lisa precisava para se tornar revolucionário. Todos concordamos que era hora de fugir das tradicionais linhas de comando baseadas em texto e focar em gráficos que permitiriam aos usuários interagir com os computadores de novas maneiras. Pouco depois daquela visita, a Apple pagou para a Xerox 100 mil dólares por uma licença ilimitada que nos permitia utilizar a tecnologia do Alto.

PRIMEIROS DESAFIOS

No começo de 1980, já sabíamos que seria um grande ano para a Apple. Eu gastei a maior parte de janeiro conversando com Steve e outros sobre como o Lisa deveria ser em termos de software e hardware. Estávamos empolgados com a ideia de desenhar e desenvolver nossa própria GUI, mas tínhamos vários desafios que precisávamos superar. Um dos meus desafios mais imediatos era lidar com o engenheiro de hardware do Lisa, Ken Rothmuller, ainda discutindo sobre as teclas de funções, recusando minha insistência de que não eram mais necessárias. Agora Steve e eu estávamos totalmente comprometidos em fazer uma interface GUI e não tínhamos intenção de voltar ao que agora achávamos ser recursos desatualizados. Mas Ken ou não entendia, ou não aceitava, o que me levou a começar a buscar sozinho soluções alternativas para o hardware. Eu simplesmente me recusava a ver o sistema operacional orientado a software e os programas do Lisa falharem só porque o hardware não ia conseguir rodá-los.

Conseguia imaginar Steve em posição de lótus na nossa mesa de reuniões inspecionando um Lisa e o chamando de "porcaria". Eu não deixaria isso acontecer. Mas a situação com Ken era frustrante, porque sabia que eventualmente ele seria mandado embora, o que eu não queria que acontecesse. Steve já estava insistindo para que eu dispensasse Ken, mas, mesmo se eu quisesse, eu era o Vice-presidente de Software, e o time de hardware do Lisa não trabalhava para mim. Na verdade, Ken reportava diretamente para Tom Whitney, que o considerava um membro-chave do time e não queria perdê-lo. Então, por enquanto, Ken e eu teríamos que concordar em discordar.

Outro desafio que tivemos foi encontrar um processador que suportasse a GUI do Lisa. Em setembro do ano anterior, o departamento de semicondutor da Microsoft tinha anunciado o lançamento do Motorola 68000, o primeiro microprocessador de 16/32 bits produzido em massa, duas vezes mais poderoso que os típicos microprocessadores de 16 bits apresentados seis meses antes. O novo processador conseguiria suportar melhores resoluções de bitmap, assim como a interface necessária para rodar o sistema operacional do Lisa. O fato de o Motorola 68000 ser lançado logo depois da nossa visita na Xerox PARC era o destino, ou então uma ótima coincidência.

Embora fosse promissor, não vinha sem pontos negativos, e, para nós, o maior deles era o custo. O Motorola 68000 era muito caro, e se tinha algo que Steve não gostava era pagar muito por alguma coisa. Isso significava que eu precisava convencê-lo por que o Lisa precisava ter esse chip em específico para se tornar o computador do futuro que nós imaginávamos. Listei todos os motivos, mas foi só depois de contar que a Hitachi seria o segundo fornecedor que ele cedeu. Pela primeira vez desde que entrei na Apple, finalmente sabia como o software e o hardware do Lisa precisavam ser e o que precisava ser feito para começar a desenvolvê-lo.

MIKE SCOTT

Quando a maioria das pessoas pensa sobre a liderança da Apple, o primeiro nome que vem à mente é Steve Jobs. O que muitas pessoas não sabem é que embora Steve sempre tenha sido nosso líder não oficial, e um cofundador ativo, ele não era tecnicamente o líder da Apple. Steve só receberia o papel de CEO da Apple quando voltou, em 1997, mais de vinte anos depois que a empresa foi fundada. Quando entrei, a pessoa oficialmente listada como CEO era Michael Scott, mas todos nós o chamávamos de Scotty. A empresa estava crescendo tão rápido e Steve era tão jovem e tinha tão pouca experiência com negócios que o quadro de diretores da Apple acreditava que precisavam de um "adulto na sala". O outro cofundador da Apple, Steve Wozniak, era mais velho e mais maduro, mas nunca foi uma opção porque estava mais interessado em construir coisas do que gerenciar pessoas. Isso levou o membro Mike Markkula a tomar uma atitude e recrutar Scotty para ser o primeiro CEO.

Nessa época, os acordos de liderança eram um pouco estranhos às vezes, não só porque Steve era o cofundador e o cérebro por trás da Apple, mas também porque era o rosto da empresa e muito carismático. Muitos funcionários da Apple consideravam Steve como o verdadeiro "chefe", e suas decisões sobre os produtos eram a palavra final. Scotty era querido e respeitado, mas nunca pareceu sair de trás da sombra de Steve e sempre parecia quieto e reservado demais para mudar isso. Então foi um choque para todos nós quando, no dia primeiro de fevereiro de 1980, só três meses depois da introdução do Apple III, Scotty decidiu bater o pé e, do dia para a noite, tomar uma grande decisão. Sua epifania foi que os funcionários da Apple precisavam entender melhor como as empresas iriam usar o Apple III como um processador de texto, enquanto serviriam também como exemplo. Então, naquela manhã, ele emitiu o seguinte, agora notório, memorando para toda a empresa:

É BOM TODO MUNDO LER ISSO

Data: 1º de fevereiro de 1980
Para: Compras e todo mundo
De: Mike Scott
Assunto: Máquinas de escrever

<u>De efeito imediato!! Não haverá mais máquinas de escrever a serem compradas, alugadas etc. etc.</u>

A Apple é uma empresa inovadora. Precisamos acreditar e liderar em todas as áreas. Se o processamento de texto é tão legal, então vamos usá-lo!

Meta: Até 01/01/81 sem máquinas de escrever na Apple (Ken, livre-se logo do processador de palavras DEC.)

Vantagens: Digitadores que deixarem de usar suas máquinas a favor do Apple II – Apple Writer Systems terão prioridade no novo sistema de alta performance da Apple. Aqueles que conseguirem justificar a capacidade de digitação direta e devolverem suas máquinas de escrever irão receber os primeiros Qume com teclado e outras instalações da Apple.

Acreditamos que a máquina de escrever está obsoleta. Vamos provar aqui dentro antes de tentar convencer nossos clientes.

Cc: Equipe executiva
Todos os usuários de máquinas de escrever

Em outras palavras, daquele ponto em diante, seríamos obrigados a "comer nossa própria comida de cachorro", embora as máquinas de escrever ainda fossem consideradas necessidade absoluta para empresas de qualquer porte. Provavelmente não havia outra empresa nos Estados Unidos em 1980, muito menos uma de crescimento rápido, que não dependesse totalmente delas. Todos nós da Apple imediatamente vimos que a repentina diretiva de Scotty seria um desafio, especialmente considerando que o Apple III ainda tinha problemas de hardware e que o Lisa não seria lançado antes de três anos!

CAPÍTULO 4

TEMPOS CORRIDOS

"Minha melhor habilidade é encontrar um grupo
de pessoas talentosas e fazer coisas com elas."
STEVE JOBS

No começo dos anos 1980, a Apple estava desenhando, desenvolvendo e enviando vários produtos novos. O Apple II ainda estava vendendo bem, especialmente agora que rodava o tão antecipado software de planilhas, o VisiCalc. Adicionar o VisiCalc ao Apple II foi transformador, pois até então não existia um software de planilhas que rodasse em um computador pessoal. Um microcomputador como o Apple II sempre era visto como um pouco mais do que uma invenção interessante para entusiastas de computadores ou jogadores, mas agora, com o VisiCalc, o mundo dos negócios começaria a prestar atenção. Por seis anos seguidos, o Apple II seria o computador pessoal mais vendido no mundo, ofuscando o Apple III, Lisa, computadores com Windows e até o Macintosh durante os primeiros anos. Finalmente estávamos provando para os desenvolvedores de aplicações como um simples programa pode afetar tanto as vendas. Anos depois eu iria ver esse fenômeno em ação novamente, quando me tornasse um investidor inicial do PageMaker, o primeiro programa-chave para o Macintosh.

APPLE III

Com a Apple agora focada em usar uma interface gráfica do utilizador, o Lisa entrou na fase de desenvolvimento com a meta de liderar nossa entrada no mercado corporativo. Enquanto isso, o Apple III ainda estava programado para ser nosso produto primário para o mercado de pequenos negócios ao atingir essas três metas:

1. Fornecer um teclado no estilo de máquina de escrever, com letras maiúsculas e minúsculas e um visor de 80 caracteres;
2. Preencher os requisitos da FCC para o mercado de negócios; e
3. Implementar um novo sistema operacional e sistema de arquivos para atrair outras linguagens de alto nível.

Steve tinha planejado que o Apple III estaria pronto em dez meses, mas os engenheiros acabaram levando dois anos porque os problemas persistiam durante o desenvolvimento. Ele finalmente foi apresentado ao mundo em 19 de maio de 1980, na National Computer Conference (NCC), em Anaheim, Califórnia. Era a primeira vez que a Apple estava na NCC. De certa forma, era bom, porque as pessoas na área da tecnologia sempre estão em busca do próximo grande computador, o que muitos da Apple acreditavam que estávamos lançando.

Também havia algumas desvantagens por sermos novatos na NCC, incluindo o pouco espaço para montar tendas. A reserva de espaços em conferências como essas geralmente é baseada em longevidade, o que significava que quanto mais tempo uma empresa estivesse pagando pelo espaço, melhor seria seu lugar no salão. Dessa forma, como a IBM fazia parte da NCC havia anos, eles tinham os lugares da frente e do meio, o que significava que só de entrar no prédio as pessoas já dariam de cara com o "Azulzão". Mas como era a primeira vez da Apple, acabamos ficando num lugar ruim, que nem era no andar principal. Tivemos que montar a tenda em um prédio anexo, um lugar que a maioria dos visitantes nem sabia que existia.

Já sabíamos antes que nosso lugar na NCC seria ruim e isso dificultaria na hora de encontrar clientes. Por isso, Steve, eu e alguns outros executivos nos reuníamos para discutir possíveis maneiras de aumentar nossa visibilidade. Muitas ideias surgiram, principalmente as que iriam custar muito dinheiro, mas instintivamente eu me lembrei dos Cartazes de Inovação da Apple University e sugeri que precisávamos usar a *criatividade* no plano, não dinheiro.

Durante uma dessas reuniões, lembrei que meu pai trabalhara para a Bourns Eletronics, uma empresa que alugava a Disneylândia para seus funcionários durante uma tarde inteira. Sugeri a Steve que ele poderia fazer algo parecido alugando a Disneylândia por uma tarde, oferecer ingressos grátis e publicar um mapa no jornal NCC *Daily Comdex*. O mapa poderia ter uma linha com setas que os convidados podiam seguir e que os levariam da entrada do prédio, evitando a IBM, pelo corredor, saindo pela porta e indo diretamente a nossa tenda no prédio anexo. Steve adorou a ideia e o plano funcionou perfeitamente. A Apple acabou tendo mais visitantes do que várias das tendas no salão principal. Até John Young, presidente da Hewlett-Packard, encontrou uma maneira de nos encontrar para pegar ingressos para a Disneylândia para sua família!

Dois meses depois do lançamento, o Apple III deveria estar sendo despachado, mas problemas contínuos com produção e conflitos internos atrasaram a entrega para setembro. Quando finalmente foi enviado, a quantidade de problemas acabou atrapalhando o desempenho de vendas. Um deles era que somente três programas rodavam, mesmo depois de meses do lançamento. O hardware também tinha problema nos conectores que provocavam o superaquecimento da placa-mãe, e o computador parava de funcionar. Também foi necessário modificar 14 mil unidades na linha de montagem, o que impactou o sucesso e disponibilidade do produto. Ao fim, somente 120 mil Apple III foram vendidos até ele ser oficialmente descontinuado em abril de 1984. Agora é considerado o primeiro produto da Apple a falhar.

Enquanto o Apple III estava com dificuldades e o Apple II continuava vendendo bem, o Lisa estava progredindo. Mas também havia um quarto, e não tão conhecido, computador ainda na fase de pesquisas. Durante os anos 1979 e 1980, Jef Raskin e seu pequeno time de publicação estavam tentando desenhar um produto de baixo custo para o consumidor. Ele tinha tentado fazer com que a Apple levasse a sério seus esforços e dedicasse mais recursos, mas como tinha feito pouco progresso, mesmo no estágio de design, o projeto foi quase encerrado várias vezes. Toda vez que Jef falava com Scotty e Mike Markkula, ele ganhava mais prazo. Em retrospecto, percebo que o motivo pelo qual nós sabíamos tão pouco sobre o projeto de Jef era porque, assim como o Lisa no começo da minha carreira na Apple, era somente uma ideia.

TOMANDO ATITUDES

No verão de 1980, tive a honra de conhecer Seymour Papert, um pioneiro no movimento construcionista da educação, e depois em inteligência artificial. Encontrei com ele no MIT durante o começo da fase de design de software do Lisa e ganhei uma cópia da linguagem de programação dele, a LOGO, para o meu filho Kris, de seis anos. Foi criada para ser uma maneira computadorizada de melhorar o raciocínio e a habilidade de resolução de problemas da criança, e quando mostrei para Kris, pude demonstrar como desenhar uma caixa especificando as coordenadas dos quatro cantos. Nem um pouco impressionado, ele perguntou: "Por que não posso só desenhar?". Não estou dizendo que o meu filho de seis anos impactou o futuro design do nosso programa LisaDraw, mas com certeza sua opinião não era muito diferente do que pensávamos.

Enquanto eu continuava trabalhando em cumprir as diretivas do meu programa, falei com três antigos companheiros de Hewlett-Packard, Fred Gibbons, Janelle Vedke e John Page, e sugeri que deveriam considerar formar sua própria empresa de software. Disse que era possível ganhar muito mais dinheiro escrevendo aplicativos para milhões de Apple II do que escrevendo programas para 9 mil minicomputadores HP 3000. Devo ter sido bem convincente, porque, logo depois, o trio saiu da HP e fundou a Software Publishing Company (SPC), uma empresa de publicação de aplicativos que focava especificamente no emergente mercado de computadores pessoais.

Em relativamente pouco tempo, a SPC desenvolveu aplicativos que incluíam: pfs: "Personal Filing System", uma série de programas de escritório para o Apple II que forneciam psf:Write (um processador de texto), psf:Plan (uma planilha), pfs:Report (um redator de relatórios) e o psf:Graph (um software gráfico de negócios). Esses programas se tornaram populares, principalmente por serem fáceis de usar para pessoas que não entendiam muito de computadores. Embora a Apple nunca tenha estado no negócio de incubação de startups, graças ao acordo que tínhamos com a SPC, levou apenas alguns anos para se ela tornar a nona maior empresa de softwares para microcomputadores do mundo.

HERÓI DO SOFTWARE

Provavelmente, minha melhor e mais crítica contratação como VP de Software aconteceu em setembro de 1980, quando recrutei um gerente de engenharia, Wayne Rosing, um superengenheiro da Digital Equipment Corporation (DEC), de Boston. Wayne nunca se candidatou à vaga, mas eu tinha ouvido que ele não estava feliz depois que a gerência da DEC de repente cancelou seu projeto "Pessoal da DEC". Sabendo disso, pensei que aquela seria minha melhor chance de convencê-lo a juntar-se a mim na Apple. Liguei e falei: "Você não vai acreditar no que a Apple está construindo. Não posso nem te falar por telefone". Com isso, consegui sua atenção. Quando ele veio e viu o que estávamos fazendo com o Lisa e a GUI, exclamou "Caramba!" e instantaneamente concordou em se tornar gerente de engenharia do Lisa.

Mais tarde, depois que saí da Apple pela primeira vez, Wayne acabou assumindo meu lugar como diretor-geral e eventualmente iria para a Sun Microsystems antes de se tornar o primeiro Vice-presidente de Engenharia da Google. Eu considero ter um bom olho para engenheiros talentosos e, se teve uma coisa, além de ter Steve como nosso líder, que ajudou a garantir o sucesso da Apple foi o número de pessoas extremamente talentosas que conseguimos recrutar. Era por isso que, no final de setembro, a Apple conseguiu passar o marco de 100 milhões de dólares em vendas somente no nosso quarto ano, e no quinto nos tornamos a empresa que cresceu mais rápido da história. Também atingimos uma marca menor e mais pessoal, para mim, de alcançar 1 milhão de dólares por mês com venda de software. Embora atribua esse sucesso a todo o meu time, fiquei honrado pela Apple ter me presenteado com uma placa de bronze presa em um relógio de madeira com a seguinte inscrição:

John Couch
Herói do Software

Mais rápido do que um microprocessador, mais inspirador do que objetivos corporativos. Capaz de saltar a teoria do compilador em um único movimento.
Em agradecimento pela energia e visão que nos levaram ao nosso primeiro mês de 1 milhão de dólares em vendas de software.

Apple Computer, Inc.
Setembro de 1980

IPO DA APPLE

A Apple tornou-se uma empresa de capital aberto em 12 de dezembro de 1980. Sua oferta pública inicial de ações (IPO) vendeu 4,6 milhões de ações da empresa a 22 dólares por ação e, no final de 2018, as ações valeriam dez vezes esse valor. Depois da IPO, todo mundo na Apple estava em êxtase e muitos de nós tínhamos nos tornado milionários. O grande risco que corri quando me juntei a Steve na Apple tinha me levado a uma grande recompensa.

Pensando a longo prazo (aceitar as opções de ações da Apple) e a curto prazo (manter meu salário alto na HP), foi, de longe, a melhor decisão financeira.

Dias depois da IPO, nosso banco de investimentos, Goldman Sachs, deu um jantar para o time executivo da Apple, e tanto álcool foi tomado que terminamos prometendo que iríamos correr juntos na próxima Bay to Breakers, uma corrida de 10 quilômetros em São Francisco, que ia da baía até o oceano. A coisa mais interessante sobre essa corrida é que os corredores sempre usavam umas roupas muito estranhas. Alguns se vestiam de dragões, bruxas e vários personagens de desenhos, enquanto outros optavam por correr sem roupa nenhuma!

No dia seguinte da festa da Goldman Sachs, parecia que o vínculo que tínhamos criado na noite anterior não era só motivado pelo álcool, porque Steve e eu começamos a realmente treinar nas colinas de Los Gatos! Mas, quando chegou o dia da corrida, os dois únicos executivos que acabaram correndo foram eu e o diretor financeiro Joe Graziano. O momento mais memorável para mim foi quando ultrapassei meu irmão mais novo para cruzar a linha de chegada!

PROBLEMAS DE PAI

Em janeiro de 1981, meus pais tinham um negócio de família há anos, pois minha mãe tinha uma franquia de um clube de saúde para mulheres. Meu pai reclamava há anos sobre como era difícil para ele gerenciar as associações, porque não sabia quando elas iriam expirar. Ele também não conseguia acompanhar se os membros estavam encontrando o clube por referências, propagandas ou os esforços de vendas da minha mãe.

Perguntei uma vez se ele já tinha considerado criar um programa de computador que ajudasse a gerenciar esses dados. Ele olhou para mim como se eu fosse maluco, balançou a cabeça e explicou que além de não ter tempo de sentar e aprender a escrever programas de computador, a única coisa que *sabia* de computadores era que eram complicados demais para neófitos usarem. Ele estava certo. Naquela época, ainda não havia nada como o VisiCalc e a única coisa que um novato em computador veria quando ligasse seus computadores seria aquela tela preta com o texto branco esperando um comando que parecia de outro planeta para a maioria das pessoas.

Falei para meu pai que o ajudaria a criar um programa para acompanhar tudo que ele precisava para gerenciar o clube da minha mãe. Fomos até a Radio Shack, uma loja de eletrônicos extinta, mais próxima e comprei um microcomputador TRS-80, que carinhosamente era chamado de "Lixo-80". O computador era um modelo genérico da Radio Shack, no mercado desde 1977, e era mais barato do que o Apple II. Não era muito poderoso, mas seria o suficiente para eu escrever um programa. Depois de voltar para casa com o computador, nós abrimos a caixa na sala de estar e de repente uma barata enorme saiu correndo. Minha mãe pirou enquanto nós continuamos tirando o computador da caixa. "De jeito nenhum!", ela gritou. "Tirem esse lixo da minha sala!". Era chamado de Lixo-80 por um bom motivo.

Meu pai e eu levamos o "lixo" para a garagem, onde escrevi um programa básico para ele monitorar os membros do clube. Tudo deu certo com o programa de primeira, mas sempre que eu voltava para casa nas férias, ficava na garagem adicionando novas ferramentas de que meu pai agora precisava. As mudanças eram fáceis para mim, mas percebi que, para quem não era programador, eram muito confusas. Sabia que o que eu precisava era uma maneira de o meu pai conseguir definir seus dados e a relação entre os dados, sem precisar depender de uma linguagem orientada a procedimentos complicados. Eu também não parava de pensar como uma interface gráfica do usuário, junto com programas tipo o VisiCalc, fariam a diferença. Enquanto a GUI do Lisa não estava pronta, mostrei o VisiCalc para o meu pai, que conseguiu aprender a usar rapidamente. A experiência me mostrou como era necessário ter um programa fácil de usar.

Infelizmente a ajuda que dei para meu pai chegou tarde demais, porque alguns meses depois a franquia faliu. A boa notícia era que meu pai agora via quantas coisas ele podia fazer no VisiCalc, o começo de sua paixão por computadores. Ele ficou tão intrigado que até decidiu abrir sua própria loja de venda de computadores em um shopping perto de casa. Eu perguntei a um dos membros do conselho, Mike Markkula, se meu pai poderia vender os produtos da Apple na loja. Mike concordou e meu pai se tornou dono da Computer Kingdom, que acabou gerando muitos negócios. Nada mal considerando que alguns meses antes meu pai estava frustrado com a complexidade dos computadores.

Minha mãe ama contar a história sobre como Steve Jobs e Steve Wozniak chegaram na inauguração da Computer Kingdom em uma limusine preta. Quando foram embora, ela se recorda, Steve bateu nos bolsos, olhou para ela e disse: "Woz e eu não temos dinheiro. Você se importaria em dar uma gorjeta para o motorista?". Claro, isso foi somente meses depois da IPO, quando ambos tinham um patrimônio líquido de mais de 400 milhões de dólares! Steve também gostou da placa personalizada do carro da minha mãe, que dizia "BuyAppl" [CompreAppl.]. Era sem dúvida o melhor conselho já escrito em uma placa de carro.

QUARTA-FEIRA SOMBRIA

Na manhã do dia 25 de fevereiro de 1981, um ano depois que Scotty tinha mandado o memorando "Sem máquinas de escrever" para toda a empresa, ele achou que era hora de agitar as coisas de novo, então, por volta das 9 horas da manhã, começou a chamar os funcionários, um de cada vez, em seu escritório. A IPO da Apple ainda estava fresca na mente de todo mundo e as coisas pareciam estar indo bem, mas Scotty claramente não concordava. Às 10h30, ele tinha mandado embora mais de trinta funcionários da Apple, incluindo metade dos engenheiros do Apple II/III e até seus gerentes. A manhã foi lenta e dolorosa para muitos dos nossos funcionários, porque ninguém sabia quem seria chamado em seguida.

Como eu era VP de Software, não estava no alvo dessas demissões em massa, mas fiquei preocupado com o impacto na cultura da Apple. Steve estava ocupado demais com seus projetos para prestar atenção no que estava acontecendo, e Woz estava se recuperando de um acidente de avião debilitante que ocorrera duas semanas antes. Por volta das 11 horas da manhã, Scotty mandou uma mensagem para os sobreviventes da Apple informando que haveria uma reunião no Taco Towers ao meio-dia. Durante a reunião, disse que achava que muitos funcionários tinham se tornado "complacentes demais" e que o rebuliço era necessário. Aquele dia sombrio na Apple logo seria conhecido como Quarta-feira Sombria.

Andy Herzfeld, um membro importante do time de design da Apple, percebeu que antes da Quarta-feira Sombria, Scotty tinha pedido aprovação de ACM e do resto do conselho para fazer as demissões, mas foi em frente antes de receber uma resposta. O conselho ficou furioso quando soube do massacre. Especialmente ACM, que tinha contratado Scotty como CEO para começo de conversa. Mas Scotty não foi mandado embora, o que deve ter dado mais coragem, porque ele não tinha terminado de agitar as coisas ainda. Em algum momento durante as duas semanas seguintes, ele decidiu que toda a estrutura organizacional da Apple precisava ser redesenhada e se encarregou de planejar e executar a maior mudança organizacional que a empresa já enfrentou.

CAPÍTULO 5

LISA

*"Eu quero construir ferramentas boas que minha intuição
e meu coração dizem que serão valiosas."*
STEVE JOBS

A QUARTA-FEIRA SOMBRIA CHOCOU A TODOS NÓS, MAS ESPECIAL-mente os engenheiros. A organização da Apple sempre tinha operado com funções dedicadas: hardware, software, marketing, vendas, finanças e operações/manufatura. Embora nossos times de manufatura e engenharia nunca tenham concordado completamente, as demissões em massa e os desafios do Apple III tinham causado um dilema ainda maior. Com o crescimento das diferenças, Tom Whitney, nosso chefe de engenharia, decidiu tirar férias e foi para a Europa, o que deixou Scotty como juiz entre os times de manufatura e engenharia, cada um culpando o outro pelos atrasos do Apple III.

Scotty estava chateado por Tom ter deixado essas decisões difíceis para ele. Como um esforço de resolver as diferenças entre esses departamentos, Scotty marcou uma reunião executiva em março de 1981, dizendo que tinha "um grande anúncio". Menos de um mês se passara desde a fatídica quarta-feira, então todos estavam com medo do que ele iria fazer. Muitos pensavam que viriam mais demissões, mas Scotty tinha algo maior em mente.

Aparentemente do nada, ele tomou a decisão unilateral de realinhar toda a estrutura organizacional da Apple. Ele disse: "Daqui para a frente, não seremos mais organizados por unidades de funções, mas em divisões baseadas em produtos". Essa era uma mudança enorme que nos pegou completamente desprevenidos. "Um diretor-geral agora supervisionará somente uma linha de produtos e será responsável por todo o desenvolvimento, marketing, engenharia e manufatura daquele produto específico." Olhamos uns para os outros, incertos do que pensar dessa bomba. Scotty não só estava implementando uma mudança fundamental para o desenvolvimento, marketing, vendas e manufatura de produtos da Apple, mas também tinha escolhido quem seria o diretor-geral de cada divisão.

Gene Carter ficou encarregado da divisão de "Sistemas de Computadores Pessoais". Tom Vernard cuidaria da "Divisão de Periféricos", que incluía impressoras, drives de discos e mouse. Carl Carlson supervisionaria a divisão de "Operações de Manufatura de Alto Volume". E eu agora era Diretor-geral e Vice-presidente da divisão de Sistema de Escritório Pessoal do Lisa. Talvez a parte mais chocante da mudança de Scotty foi que também tinha dado um novo papel para Steve: "Presidente do Conselho". Pode soar bom, mas, na realidade, significava que Steve não teria mais um papel operacional, e ele não gostou nem um pouco.

DIRETOR-GERAL

Com a nova organização de Scotty, eu estava sendo promovido de VP de Software para Diretor-geral, supervisionando a divisão inteira de Lisa. Depois da reunião, Steve abordou Scotty e falou que queria ficar encarregado do projeto Lisa, mas Scotty sentia que ele não estava pronto para gerenciar e operar uma divisão inteira e negou. Steve então pressionou Gene Carter e Mike Markkula, que apoiaram a decisão de Scotty de deixar a divisão Lisa sob minha direção. Steve estava desapontado, e eu não sabia como me sentia sobre o assunto. De um lado, estava feliz com a minha nova responsabilidade, mas também sabia que Steve era o visionário criativo *e* fundador da empresa que poderia ter facilmente usado seus poderes de persuasão para garantir o sucesso de Lisa. Eu me perguntava se teria uma maneira de ele gerenciar Lisa, mas que o resto do time reportasse para mim, da mesma forma que tinha sido no nosso grupo de Novos Produtos, mas me falaram que não era uma opção.

Ainda penso no que poderia ter acontecido com o Lisa (e com o Macintosh) se Scotty tivesse colocado Steve como encarregado do Lisa e eu trabalhasse para ele. Lisa teria recebido o respeito e recursos que faltaram depois? Steve teria cancelado o "sistema de escritório pessoal" e focado só em um produto para substituir o Apple II? Lisa teria sido o computador que conquistou o mundo? Durante anos me peguei refletindo sobre isso, mas por fim aceitei que pode ter sido exatamente a abordagem que a Apple precisava para introduzir tantos novos conceitos ao mundo dos computadores pessoais.

Depois da grande mudança de Scotty, descobrimos que, assim como a Quarta-feira Sombria, a reorganização espontânea tinha sido feita sem a aprovação do conselho. Mike Markkula estava chateado, e dessa vez foi seu limite. Removeu Scotty do cargo de CEO e deu-lhe a posição de "Vice-presidente". Mike assumiu o papel de CEO interino e, alguns meses depois, Scotty pediu demissão. Steve também tinha desistido, pelo menos, de tentar convencer Mike a deixá-lo liderar o Lisa. Ele ainda queria desenvolver um computador revolucionário com a Apple, mas a contragosto aceitou que não seria o Lisa. Em vez disso, ele começou a procurar outra coisa e eventualmente encontrou o time de publicação de Jef Raskin e o projeto barato e misterioso que estava tentando tirar do papel há dois anos. Não era muito um computador ainda, mas Jef tinha conseguido dar um nome legal – Macintosh.

MACINTOSH

Jef Raskin tinha sido contratado em janeiro de 1978 para criar um departamento de publicação responsável por escrever e publicar manuais do usuário para os computadores da Apple. Mas ele tinha aspirações maiores do que só escrever manuais: queria desenhar e desenvolver seu próprio computador. Ele não escondeu sua ambição de Mike Markkula, para quem reportava diretamente, e Mike até concordou que ele poderia trabalhar em um design, mas precisaria mantê-lo informado semanalmente. Desde o começo, Jef se referia ao seu "vindouro" computador como Macintosh, mas durante anos não conseguiu passar da fase das ideias. Quando falei recentemente com o Mike sobre a primeira vez que viu o Macintosh, ele lembrou: "Era apenas uma maquete de papelão. Tinha teclado e tela integrados, sem mouse e sem trackpad".

Quando Steve foi parar do lado de Jef, o processo de desenvolvimento do Macintosh ainda não tinha progredido muito além do que Markkula tinha visto. Steve começou a se convidar para as reuniões do Macintosh de Jef, mas não estava impressionado com o que estava vendo. Logo concluiu que ele precisava ser o desenvolvedor do Macintosh e começou a usar a carta de fundador para tirar Jef do próprio projeto. Quando Steve tomou conta do Macintosh, começou a redesenhá-lo para ser um computador revolucionário feito para o consumidor final, semelhante ao que o Lisa seria para o mercado corporativo.

Em vez de começar do zero, Steve decidiu acelerar as coisas se apoiando nas melhores ideias do Lisa diminuindo suas funcionalidades mais caras para se adequar ao que acreditava que um computador *pessoal* precisava ser. Ele até anunciou para seu novo time que o Macintosh seria "uma versão de consumidor mais acessível e mais barata do Lisa". Amei a ideia e não o via como competição, porque estávamos buscando mercados diferentes. Eu sabia que seria uma boa estratégia aproveitar o software do Lisa, adaptar para o Macintosh e deixar os usuários utilizando em casa num Mac os mesmos programas que usavam no trabalho no Lisa.

A mídia falou muito sobre Steve ter supostamente sido "expulso do time do Lisa" e como guardou rancor ao projetar o Macintosh, mas nada disso é verdade. Embora ele não estivesse *diretamente* envolvido no desenvolvimento do Lisa, nós dois compartilhávamos

visão e direção estratégica, e como cofundador da Apple, Vice-
-presidente de Novos Produtos e agora Presidente do Conselho,
ele tinha um papel importante desde o começo. Era verdade que
Steve estava desapontado por não poder supervisionar o Lisa, mas
nunca senti que ele guardava um rancor de mim ou do meu time.
Durante o processo de desenvolvimento dos dois computadores,
ele e eu continuamos conversando e compartilhando informações e
recursos, inclusive transferindo programadores experientes do Lisa
para o time do Mac. Mas também éramos bem competitivos.

A APOSTA

No dia 20 de abril de 1981, Steve e eu fizemos uma aposta
confidencial. Enquanto meu time do Lisa estava imerso no processo de desenvolvimento e o time do Macintosh estava só botando
os pés na água, concordamos em apostar 5 mil dólares (embora
mudaríamos depois de dinheiro para um jantar) em qual dos computadores seria enviado primeiro. A ideia da aposta surgiu das conversas
que tivemos sobre maneiras de motivar nossos respectivos times.
A Apple estava cheia de pessoas competitivas, e sabíamos que colocar
a aposta como uma competição entre times iria motivá-los a trabalhar mais para cumprir os prazos desafiadores. O plano funcionou
bem, mas, em algum ponto, começou a funcionar bem até *demais*.
O time do Macintosh de Steve começou a levar a competição amigável
muito mais a sério do que o meu time. Para o time Mac virou uma
questão de "Vamos vencer aqueles caras de mestrado em Ciência da
Computação que programam em linguagem de alto nível do Lisa
com nossos hackers e nossa habilidade de codificar em assembly" e
começaram a acelerar o processo. De repente, vi recursos importantes
serem redirecionados do Lisa para o Macintosh. A pior parte veio
quando vários dos principais membros do meu time foram recrutados por Steve e convencidos a deixar o Lisa e entrar no time do
Mac. Foi uma situação difícil para mim, porque Steve era um dos
nossos fundadores e o rosto da Apple, então não havia nada que eu

pudesse fazer. Para a minha felicidade, porém, o Lisa acabou sendo enviado um ano antes do Macintosh, o que fez Steve organizar uma festa incrível para comemorar com o meu time – com um enorme cheque de mentira de 5 mil dólares.

Enquanto isso, conforme o seu time Mac seguia em frente com o desenvolvimento, Steve percebeu que não precisavam construir um ambiente de desenvolvimento, porque tinham a habilidade de melhorar o do Lisa para codificar em uma linguagem de alto nível. Dessa maneira, ele pensou, poderia sair e comprar programas ao invés de precisar criá-los do zero, como tivemos que fazer com o Lisa. Foi esse pensamento que eventualmente o levou a fazer o infame "acordo do século" com Bill Gates, aumentando a competição corporativa que duraria décadas. Mas por enquanto a única competição que a Apple tinha era interna. E isso estava prestes a mudar.

BEM-VINDA, IBM. SÉRIO.

Enquanto Lisa e Macintosh continuavam no acelerado ritmo de desenvolvimento, a mídia começou a ouvir rumores sobre dois "computadores revolucionários" nos quais a Apple estava trabalhando, mas ainda não tinham informações o suficiente para noticiar. Só depois do outono de 1981 que finalmente conseguiram *algo* para contar – de repente, a IBM se tornou o maior concorrente da Apple.

A "Grande Azul", como a IBM costumava ser chamada, foi por anos a empresa dominante no negócio de computadores, e tinha decidido vender computadores pessoais também. Então, para grande alarde, lançaram o IBM Personal Computer (IBM PC), um sistema aberto que permitia aos usuários substituir componentes internos e externos por componentes de terceiros, desde que fossem "compatíveis com a IBM". Steve comprou um dos IBM PC e testou. Olhou o hardware e software e então, da melhor maneira à Steve, declarou que eram "uma porcaria".

Ele estava certo, porque as partes e qualidade geral do IBM PC não chegavam nem perto do que estávamos fazendo no Lisa,

STEVE JOBS E EU: MINHA CARREIRA NA APPLE

o que foi um alívio para mim. Mas esse era o momento que marcaria o começo de um debate de décadas sobre o que era melhor: customizáveis, sistemas abertos (como o PC) ou sistemas fechados e de mais confiança (como o Mac). É um debate que continua até hoje, não só sobre hardware. No quesito software, o mesmo debate aberto vs. fechado envolve sistemas operacionais (Windows vs. Mac OS) e celulares (Android vs. iOS). Não há resposta certa ou errada para qual tipo de sistema é melhor, o que importa é o que o usuário valoriza mais: customização ou confiança.

Antes de a IBM lançar seu próprio computador pessoal, a Apple não estava preocupada com a concorrência. Mas a IBM era um nome que todo mundo conhecia e nos forçava a tomar alguma atitude. A IBM estava promovendo seu PC principalmente em revistas comerciais e jornais, e estávamos preocupados que os negócios corporativos os escolhessem em vez da Apple somente por reconhecerem a marca. Tinha até um ditado popular no mundo do mainframe: "Ninguém nunca foi mandado embora ao escolher a IBM!". Apesar das preocupações, Steve estava empolgado que a IBM tinha entrado no jogo, porque entendia que acabariam validando a existência do mercado de computadores pessoais, que ainda não tinha sido estabelecido ou levado a sério pelo público geral. Assim que a fanfarra do PC da IBM começou a se aquecer, Steve publicou um anúncio de página inteira no *The Wall Street Journal* que dizia:

> *Bem-vinda, IBM. Sério.*
>
> *Bem-vinda ao mercado mais empolgante e importante desde que a revolução dos computadores começou, 35 anos atrás.*
>
> *E parabéns pelo seu primeiro computador pessoal.*
>
> *Colocar o poder do computador nas mãos de indivíduos já é melhorar a forma como as pessoas trabalham, pensam, aprendem, comunicam-se e passam seus momentos de lazer.*

A literacia informática está se tornando uma habilidade fundamental, assim como ler e escrever.

Quando inventamos nosso primeiro sistema de computador pessoal, estimamos que mais de 140 milhões de pessoas no mundo poderiam justificar a compra de um, se entendessem os benefícios.

Só no próximo ano, projetamos que mais de 1 milhão de pessoas entenderão isso. Na próxima década, o crescimento do computador pessoal continuará em saltos logarítmicos.

Estamos ansiosos por uma competição responsável no esforço massivo de distribuir essa tecnologia americana para o mundo.

E apreciamos a magnitude do seu compromisso.

Porque o que estamos fazendo é aumentar o capital social, melhorando a produtividade individual.

Bem-vinda à tarefa.

— Apple

O anúncio de autopromoção passivo-agressivo era inteligente e certamente chamou a atenção do mundo dos negócios, que agora começava a ver a Apple como alternativa legítima à IBM. Steve sentiu que ter a IBM validando o mercado era importante, porque nos permitiria nos posicionar como rebeldes e piratas, enquanto posicionávamos simultaneamente a IBM como uma marinha mais tradicional, e todo mundo sabe que é mais divertido ser um pirata do que juntar-se à marinha! Steve continuaria usando a analogia do pirata por um tempo e até hasteou uma bandeira pirata no prédio do Macintosh.

STEVE JOBS E EU: MINHA CARREIRA NA APPLE

Alguns anos depois do anúncio no *The Wall Street Journal*, a Apple começou a reorientar sua mensagem para longe dos negócios e focar no mercado-alvo do Macintosh: o público. Fizemos uma campanha publicitária brilhante com o agora infame comercial do Super Bowl chamado "Why 1984 Won't Be Like 1984" ["Por que 1984 não será como 1984"], que posicionava a IBM como inimiga do povo. A propaganda era baseada no livro distópico de George Orwell, *1984*, que focava na tecnologia sendo utilizada para controlar pessoas. Em tons de cinza e branco opacos, uma grande imagem do "Grande Irmão" cobria a tela, falando para uma sala de pessoas zumbificadas a respeito da "Unificação de Pensamentos" (representando a IBM), como num culto. Uma mulher colorida (representando a Apple) entra correndo na sala, perseguida pela polícia, e joga uma marreta na tela, destruindo o Grande Irmão. Embora o anúncio tenha sido projetado para apresentar o Macintosh, era um exemplo perfeito da maneira como vínhamos posicionando a IBM há anos – e funcionou.

UMA VISÃO COMPARTILHADA

Mudar de VP de Software para Diretor-Geral me deu controle total sobre todos os aspectos do Lisa, incluindo software e hardware. Da noite para o dia, Ken, ainda tecnicamente chefe de hardware do Lisa, trabalhava para mim em vez de Tom Whitney. Ken nunca parou de argumentar que Lisa precisava ter um microprocessador bit-sliced de 16 bits feito pela Apple em vez do Motorola 68000 que Steve e eu tínhamos escolhido. Ele *ainda* estava argumentando pelo uso das teclas de funções tradicionais ao invés de uma GUI e nunca se alinhava com a visão do Lisa que Steve e eu estávamos trabalhando para alcançar.

Por fim, Steve chegou ao limite. Ele me ligou, frustrado que o Ken não embarcava na ideia e insistiu que eu o mandasse embora. Avisei Tom sobre o que Steve me falara e que eu teria que despedir Ken se ele continuasse se recusando a aceitar as ideias, mas Tom também não conseguiu o fazer mudar de ideia. Ken era um homem orgulhoso com uma mente tradicional, mas a Apple era uma empresa de crescimento rápido na qual tradição era considerada a antítese da inovação. Infelizmente, fui forçado a dispensá-lo. Perdi um bom amigo e funcionário, mas não tinha como evitar. O trem da Apple estava andando em velocidade máxima e quem não embarcasse ficaria para trás.

Depois da partida de Ken, eu o troquei por gerentes que compartilhavam da mesma visão de GUI e mouse que Steve e eu queríamos para o Lisa. Na parte de hardware, pessoas importantes, incluindo Wayne Rosing, meu braço direito; Ken Okin, braço direito dele; Dan Smith, Robert Paratore e Bill Dresselhaus. Eu também levei um time pequeno do estúdio de design IDEO. Na parte de software, os membros importantes incluíam Bruce Daniels, que cuidava dos programas, e Larry Tesler, que supervisionava o sistema de software, Bill Atkinson, Andy Hertfield, Steve Capps e Chris Franklin. Recrutei cientistas da computação das melhores faculdades de engenharia e de outras grandes companhias, principalmente HP e Xerox PARC. Por fim, contratei um time de pessoas da indústria de microcomputadores especialistas em sistemas operacionais. Começamos trabalhando em um escritório da Apple conhecido como "Taco Towers", no Stevens Creek Boulevard, em Cupertino, mas ele rapidamente ficou pequeno demais e mudamos para um prédio bem maior, o Bandley, 5, onde juntos traríamos o Lisa à vida.

DATAGRAMA

Com o novo time, começamos a esclarecer nossa visão do Lisa. Steve e eu sempre quisemos redefinir a interface de usuário do Lisa para refletir a GUI que tínhamos visto na Xerox PARC. Mas também discutimos adicionar programas que permitiriam ao usuário final mover os dados de um programa para outro em um paradigma de "cortar e colar". Passei bastante tempo tentando descobrir como fazer tudo funcionar. Antes de me tornar diretor-geral, um pouco antes de me tornar VP de Software, eu tinha escrito um artigo intitulado "datagrama", que era fundamentalmente a direção estratégica para o software da Apple. O artigo comparava as linguagens orientadas a procedimentos comuns da época para um tipo diferente de software que seria necessário para que não programadores compartilhassem dados entre aplicativos.

Por exemplo, o software teria que ser escrito em uma linguagem de alto nível, como a Pascal, em vez de em um código assembly como o que usamos para o Apple II. Também era necessário um ambiente onde usuários pudessem facilmente mover dados de um programa para outro sem precisar mexer no sistema de arquivos. Esse tipo de ambiente precisaria de um processador poderoso, o motivo de Rich Page e eu termos brigado tanto pelo Motorola 68000. Passaria um ano antes que meu artigo sobre datagramas fosse realmente publicado, mas agora se tornaria minha inspiração para a funcionalidade da GUI do Lisa e ajudaria a orientar todos os nossos esforços de software.

Em algum ponto durante o desenvolvimento do Lisa, tivemos a oportunidade de expandir seu hardware com interface tradicional, lançando-o como uma estação de trabalho de rede 68000. Teria sido importante, porque a maioria dos computadores pessoais daquela época não eram de 16 bits. A versão de estação de trabalho proposta do Lisa até conseguiu receber um apelido: "Lucy: o Lisa sujo". Honestamente, provavelmente poderíamos ter vendido uma tonelada de estações de trabalho do Lucy, especialmente para universidades, porque teriam sido máquinas poderosas de 5 mil dólares baseadas em Unix. Mas a Unix não tinha proteção de arquivos e não poderíamos entrar no ambiente de negócios sem poder proteger os arquivos dos usuários. Mais importante, Lucy não era consistente com nossa visão para o Lisa, que sempre foi revolucionar os computadores *pessoais*. Felizmente a ideia do Lucy foi abandonada e pudemos focar novamente no Lisa de verdade.

Uma coisa que eu queria garantir era que, durante o processo de desenvolvimento, mantivéssemos o usuário final em mente para garantir que o Lisa poderia ser amplamente aceito. Sempre pedia provas de conceito antes de tomar grandes decisões. Frequentemente testávamos conceitos em usuários reais e usávamos esse feedback para fazer os ajustes de usabilidade. Uma coisa que fiz para testar as mudanças foi trazer funcionários da Apple e, sem nenhum direcionamento, pedir para tentarem descobrir sozinhos como usar o Lisa. Se conseguissem fazer isso em quinze minutos ou menos, sabíamos que estávamos no caminho certo. Se não, era hora de voltar para o quadro de projetos.

Em algum momento, mostrei o Lisa para o presidente do Bank of America, Sam Armicost, que me interrompeu no meio da apresentação e ligou para a esposa. "Preciso que você venha ao meu escritório", falou. "Quero mostrar o primeiro computador que eu realmente conseguirei usar." Era um começo encorajador. Nunca antes o público pôde usar um computador que combinava inovações em hardware, como o mouse, com inovações de software, como interface gráfica do usuário. Foi esse comportamento integrado de hardware e de software revolucionários, trabalhando perfeitamente juntos, que ficou conhecido como "Tecnologia Lisa".

CAPÍTULO 6

TECNOLOGIA LISA

"Estamos realmente apostando tudo na Tecnologia Lisa."
STEVE JOBS

A TECNOLOGIA LISA ERA DIFERENTE DE TUDO QUE O MUNDO TINHA visto antes em termos de hardware e de software. Do lado do hardware, incluía uma CPU Motorola 68000, com clock de 5 MHz e 1 MB de memória atualizável para 2 MB (oito vezes maior do que o Macintosh teria no lançamento), um disco rígido interno de 5 MB, que permitia grandes arquivos de dados e a capacidade de armazenar aplicativos mais robustos em uma unidade de disquete Sony, em vez de disquetes. Também conseguia conectar, via rede TCP-IP, um servidor de documentos e um servidor Oracle.

O mouse do Lisa era uma parte extremamente importante do hardware. Permitia aos usuários trocar facilmente entre documentos com um simples apontar e clicar, embora não sabíamos quão rápido as pessoas aceitariam a transição de um editor à base de texto para um mouse. Nesse momento, os mouses eram inéditos no mundo dos geeks de computador e, mesmo entre nós, costumava ser considerado um dispositivo divertido para jogos, em vez de uma ferramenta revolucionária. Muitas pessoas juraram que ninguém iria tirar a mão do teclado para clicar em um pequeno e bobo mouse.

Assim como a nossa GUI, a versão final do nosso mouse ficou parecendo bem diferente do que vimos no Xerox Alto. O cursor era macio e com um tempo de resposta super-rápido, e brincamos com suas formas e tamanhos até conseguir caber confortavelmente na palma de nossa mão. Nosso objetivo final era fazer com que os usuários de computadores pudessem focar completamente em seu trabalho e esquecer que o mouse estava lá.

Durante o processo de design do Lisa, algumas vezes havia diferenças de opiniões entre nossos times de marketing e engenharia. Uma das discussões mais memoráveis foi se os usuários iriam preferir usar um mouse com um ou vários botões. Eu achava aquilo ridículo e trivial. Sabia que tínhamos algo tão revolucionário que os usuários ficariam felizes em usar qualquer uma das opções, desde que melhorasse sua produtividade. "Não vamos discutir se temos diamantes ou esmeraldas", dizia, "quando o resto do mundo tem carvão". No final, dada a obsessão da Apple com simplicidade, optamos por usar um com botão único.

O uso de teclados não era novo, mas o jeito como remodelamos o teclado do Lisa era único. Uma das ferramentas mais interessantes era uma coleção de pequenas cartas de ajuda com instruções feitas para evitar que os usuários precisassem ler manuais enormes. Cartas brancas também eram instaladas no teclado para que os usuários pudessem fazer suas próprias anotações. Outra ferramenta única era que o teclado do Lisa era capaz de identificar sozinho o idioma primário dos usuários e automaticamente traduzir mensagens diagnósticas na língua materna deles.

Uma decisão importante que fizemos para o Lisa foi usar parafusos de dedo em vez de parafusos normais, que exigiam uso de chaves de fenda. O painel traseiro também era removível, permitindo acesso fácil aos componentes internos, transformando-o no único computador da Apple com um sistema de hardware aberto. Todos os computadores da Apple, incluindo o Macintosh, vinham com um sistema fechado, ao qual os usuários não podiam acrescentar peças internas. Queríamos garantir que seria simples para os usuários desmontarem e melhorarem os componentes, outro exemplo de como priorizamos a simplicidade.

INTERFACE GRÁFICA DO USUÁRIO

Eu sabia que a característica que destacaria o Lisa dos outros computadores, de longe, era nossa interface gráfica do usuário. Nossa intenção sempre foi fazer um computador que permitisse integração de várias tarefas simplificada para o usuário, exigisse o mínimo de treinamento e fosse fácil de usar. Mas também reconhecíamos que tentar fazer qualquer coisa revolucionária ser aceita pelo usuário comum nunca é uma tarefa fácil. É da natureza humana ser atraído para o familiar, e, por esse motivo, queríamos que a GUI do Lisa parecesse uma versão digital de um escritório da vida real. Para isso, construímos um sistema de gerenciamento simples de arquivos que daria à nossa área de trabalho eletrônica a aparência de uma área de trabalho real.

Além desse escritório digital, queríamos que os usuários conseguissem ver vários programas de uma vez só, arrastar e soltar dados com o click de um mouse e usar um teclado virtual para copiar, editar e colar dados entre programas diferentes. Também queríamos criar um visual padrão para cada programa que permitisse novas experiências enquanto mantém o ar de algo familiar. Foi por isso que escolhemos termos como *área de trabalho*, *arquivos* e *pastas* em vez do jargão de computação, e queríamos que os usuários pudessem clicar e arrastar ícones da área de trabalho que representassem esses arquivos e pastas. E, como em um escritório de verdade, queríamos que os usuários pudessem abrir, posicionar, mover, renomear e descartar arquivos facilmente.

Nossa primeira tentativa de criar essa interface digital de trabalho chamava-se *Filer*. Quando um Lisa era iniciado, o software fazia algumas perguntas para o usuário com o objetivo de determinar a tarefa que queriam realizar e então executar automaticamente a função necessária para tal. Embora o software fosse único e poderoso, nosso sistema de engenharia ainda queria deixar mais fácil para o usuário. Mas houve um pouco de resistência, porque o chefe de marketing estava preocupado que atrasaríamos o lançamento do produto. Mas Bill Atkinson e alguns outros estavam determinados a mudar a interface do Lisa e se juntaram para fazer acontecer. Durante uma semana apenas, criaram o *Desktop Manager*, uma nova interface que agia como organizador de arquivos *e* gerenciador de programas. Quando nos mostraram na segunda-feira seguinte, ficamos surpresos e sabíamos que tínhamos um produto vencedor.

SOFTWARE LISA

Quando tudo estava pronto, a quantidade de softwares pioneiros inclusa no Lisa era impressionante. Por exemplo, os itens mais importantes para usuários de computadores naquela época eram programas, não documentos. Mas isso significava que precisavam saber quais programas abrir e então criar o documento apropriado naquele programa, o que costumava ser confuso.

Durante o processo de design do Lisa, percebemos que era mais fácil quando os usuários podiam se concentrar diretamente em seus documentos, então, os programas precisavam ser meios para os fins. Isso nos levou a fazer um software *centrado em documentos*, uma mudança aparentemente pequena, mas muito eficaz. Aparentemente, a ideia também colou, porque até hoje, quando clicamos em um documento, nosso computador inicia automaticamente o programa adequado e estamos prontos para trabalhar.

O Lisa também veio com uma ferramenta além de seu tempo. Naquela época, os computadores precisavam ser desligados completamente e reiniciados totalmente, um processo *muito* demorado. Mas como o botão de ligar do Lisa dependia do software em vez do hardware, o computador podia ser ligado e desligado rapidamente. Não só economizava energia, mas também salvava e restaurava sessões anteriores, o que incluíam as preferências dos usuários, assim como programas e documentos abertos.

Mensagens de erro eram especialmente inovadoras no Lisa porque, diferente das mensagens de erro atuais, com textos enigmáticos como "Erro de sistema 45256", as caixas de erro do Lisa forneciam resumos detalhados do problema em uma linguagem fácil e até diziam ao usuário como resolvê-lo. Também forneciam uma maneira de os usuários fazerem o próprio diagnóstico quando quisessem através do que chamamos de "Modo de Serviço". Até incluímos a possibilidade de customizarem configurações e recursos de maneiras que combinassem com suas necessidades pessoais e um módulo de "Preferências" no qual podiam ajustar o contraste do monitor, escurecer a tela e ativar um recurso de privacidade de tela.

O Lisa foi desenhado para o mercado de escritórios, isso significava que a segurança seria uma das maiores preocupações dos usuários, então passamos um tempo criando formas de melhorar a criptografia. Além de proteção por senha, fomos além e adicionamos recursos que incluíam memória protegida e proteção extrema de cópias, ambas inéditas em um computador antes. Para isso, garantimos que o Lisa tivesse um número serial fixado codificado na placa-mãe. Qualquer programa comprado estaria ligado àquela máquina específica, eliminando a revenda de software usados. O gerenciamento de direitos digitais (DRM) de hoje, que vincula o software a uma determinada conta ou peça de hardware, é um desdobramento direto desse sistema. Também havia proteção de senha para documentos específicos, uma ferramenta que vários sistemas operacionais hoje em dia ainda não fornecem!

Nossa interface gráfica de usuário fez os sistemas operacionais de linha de comando parecerem uma relíquia da Idade da Pedra. O Lisa não foi só o primeiro computador comercial com uma GUI e um mouse, mas também introduziu dezenas de novas ferramentas presentes até hoje. Enquanto o uso de janelas, menus e ícones são as mudanças mais óbvias, outras coisas que introduzimos influenciaram muito a tecnologia, como nosso Office Suite, que gerou o Microsoft Office, e nosso Desktop Manager, que gerou o Apple Finder.

Tudo isso se resume a que a Tecnologia Lisa, com sua sinergia entre hardware e software inovadores, foi construída com um propósito específico: tornar os computadores simples e fáceis de usar. Eu acredito que fizemos isso, e não poderia estar mais orgulhoso do meu time. Acabamos introduzindo algo para o mundo que ninguém tinha visto antes e que muitas pessoas não achavam ser possível.

Mesmo assim, também aprendemos que a estrada da inovação nunca é fácil. Ao desenhar e desenvolver qualquer produto, ainda mais um revolucionário, a única coisa que os manufaturadores podem contar 100% é que terão desafios grandes, e o trabalho que fizemos no Lisa não foi exceção. Além de problemas típicos do dia a dia, acabamos encontrando três grandes desafios: os drives Twiggy, o preço e o dilema da inovação.

DESAFIOS: TWIGGY

Um dos maiores desafios que tivemos veio de um disquete de dupla face 5,25 conhecido como "Twiggy". Steve acreditava no Twiggy e estava planejando utilizá-lo tanto no Lisa quanto no Macintosh. Eu me preocupava se a Apple tinha a experiência e expertise para construir um drive, e eu sabia que um único componente com falha poderia arruinar um computador que poderia ser perfeito. Mas acabei rejeitando isso e, apesar de minhas preocupações, Lisa não veio com um, mas *dois* drives Twiggy. Como previ, quando o Lisa foi lançado, os drives foram um desastre. Os usuários os acharam muito lentos, sempre travavam e às vezes não funcionavam. O maior problema com essas coisas é que, quando parte de um computador dá problema, os usuários não vão culpar aquela parte específica, mas sim o computador inteiro. Você não vai ouvir um usuário dizer: "Esse drive é uma porcaria!". Você vai ouvir: "Esse computador é uma porcaria!". Podemos até fazer um provérbio com isso: "Lei de Lisa": Se uma parte de um computador está quebrada, a coisa toda está quebrada!

Partia meu coração ouvir as reclamações frequentes relacionadas ao problemático drive Twiggy, especialmente porque suspeitei que poderiam gerar problemas antes do lançamento. Drives mais confiáveis seriam adicionados e substituiriam o Twiggy, mas quando isso ocorreu, a reputação de confiabilidade do Lisa já tinha tomado um grande golpe. Enquanto isso, Steve viu o impacto negativo que o Twiggy estava tendo nas vendas e reputação do Lisa e começou a buscar freneticamente por soluções. Não só para salvar o Lisa, mas também porque os drives Twiggy estavam prontos para serem colocados no Macintosh também, previsto para ser lançado um ano depois. Algumas pessoas estavam tentando convencer Steve a abandonar o Twiggy completamente e começar a procurar por drives de terceiros. Mas ele sentia que a Apple tinha investido muito no desenvolvimento dos drives e que não deveriam descartá-los tão rápido, esperava que algo novo aparecesse a tempo do lançamento do Macintosh. E não tinha como atrasar esse lançamento.

Enquanto Steve estava em cima do time de hardware para arrumar rapidamente os drives Twiggy, a Sony lançou um novo disquete rígido de 3,5 polegadas. O gerente de hardware do Macintosh percebeu o potencial desse novo drive e discretamente foi até a matriz da Sony no Japão. Seu plano era encontrar os engenheiros da Sony e tentar descobrir uma maneira de o drive novo funcionar em um Macintosh. Fazer isso pelas costas de Steve era arriscado, mas com tão pouco tempo para o lançamento do Mac, algo deveria ser feito rapidamente, mesmo se fosse só um plano B.

Não muito depois da viagem ao Japão, os engenheiros da Sony começaram a aparecer na Apple para tentar construir uma interface entre seu disquete 3,5 polegadas e o Macintosh. O time de hardware do Mac, entretanto, não tinha a intenção de contar para Steve sobre essas visitas até ter certeza de que daria certo. O segredo era tão intenso, segundo a história, que sempre que Steve entrava no prédio, os engenheiros da Sony eram cercados e escondidos em armários! Se realmente foi tão extremo assim ou não, a história rendeu conversas interessantes nos corredores.

Quando os engenheiros da Sony e da Apple descobriram como conectar o drive ao Macintosh, mostraram para Steve. Apesar de sua preferência por desenvolver o hardware internamente, ficou impressionado pela unidade menor e como o drive da Sony era mais confiável do que o Twiggy, então concordou em colocá-lo no Mac. Se estivessem disponíveis na época do Lisa, teria sido um desafio a menos para superar.

DESAFIOS: PREÇOS

Um segundo grande desafio antes do lançamento do Lisa foi o preço. Sabíamos que custaria mais caro do que o normal para recuperar um pouco dos gastos com o desenvolvimento. O que não sabíamos era que seria listado por um enorme valor de 10 mil dólares. Era muito mais caro do que qualquer coisa que a Apple já tinha vendido, e instantaneamente fez do Lisa o microcomputador mais caro do mundo. Em 1983, a quantia era equivalente a 26 mil dólares em 2020. Um preço tão alto deixou o Lisa inacessível para a vasta maioria de potenciais compradores. Pesquisas feitas depois do lançamento mostraram que o valor era a maior razão para não ter tido sucesso de mercado.

Outro problema-chave, que começou bem antes, no processo de desenvolvimento, era o vazamento de informações. Já no verão de 1982, lembro-me de Steve ficar extremamente animado com a interface gráfica de usuário do Lisa. Algumas vezes, não conseguia se segurar e começava a dar dicas para a imprensa, bem antes do lançamento e do tour de imprensa. Como sempre digo, é um navio estranho que vaza por cima! Os primeiros vazamentos de desenvolvimento foram um tanto dolorosos, mas não tão ruins quanto o que aconteceu no final de 1982, pouco antes da apresentação do Lisa.

Steve continuou falando com a imprensa sobre o Lisa, mas não da forma que eu esperava. Agora, quando dava uma entrevista, também mencionava um *segundo* computador que a Apple estava desenvolvendo. Um que, além de ter uma interface gráfica de usuário e um mouse como o Lisa, tinha uma coisa melhor ainda: seria vendido *por uma fração do preço*! Pareceu-me que os vazamentos do Macintosh eram muito mais devastadores do que os do Lisa em relação ao seu sucesso final. Era óbvio que poucas pessoas iriam comprar um computador de 10 mil dólares quando podiam esperar um pouco mais para ter um de 2.500 dólares que aparentemente tinha as mesmas funções! O navio estranho que vazava por cima começou a afundar antes mesmo de sair da doca!

DESAFIOS: DILEMA DA INOVAÇÃO

Outro grande desafio que enfrentamos com o Lisa foi a falta de softwares disponíveis até o lançamento, ao qual me refiro como dilema da inovação. Uma estratégia crucial no sucesso do Apple II foi nossa habilidade de usar software de terceiros. Lembre-se que um dos meus objetivos principais como VP de Software era realizar a visão de Steve, garantindo que "todos os programas do mundo rodassem no Apple II". Eu sabia que um sistema aberto era a única maneira, e funcionou porque havia vários desenvolvedores que podiam escrever programas em linguagem assembly, da qual o Apple II precisou até mais tarde, quando lançamos as linguagens Pascal e Fortran.

O sistema operacional e a interface gráfica de usuário do Lisa, por outro lado, foram escritos em Pascal, e o ambiente GUI era tão novo que quase ninguém fora do nosso time sabia como programar. Nos encontramos em um beco sem saída. Precisávamos fornecer aos programadores APIs (Interfaces de Programação de Aplicativos) confiáveis, mas primeiro nós mesmos precisávamos aprender como desenvolver em um ambiente de GUI.

Por sermos tão revolucionários, nos colocamos em um dilema de inovação. Isso limitou severamente o número de programas terceirizados que poderíamos incluir no Lisa para o seu lançamento. Obviamente, enviar um computador sem programas carregados, sem jeito de comprá-los e de criá-los, teria sido ridículo. Então, tivemos que escrever de maneira rápida *todos* os programas iniciais do Lisa internamente enquanto ao mesmo tempo desenhávamos as interfaces dos aplicativos (API) para programadores terceirizados. Isso significava que as diretivas e ferramentas para escrever o software para o Lisa não estariam disponíveis na apresentação. Entretanto, *estariam* disponíveis para o time Macintosh, permitindo que programassem seus programas no Lisa e então baixassem o software para rodar no Mac.

O que acabamos criando, dado o curto prazo, foi o Lisa Office System, um conjunto de programas de escritório que consistia de sete programas principais: LisaWrite, LisaCalc, LisaDraw, LisaGraph, LisaProject, LisaList e LisaTerminal. Cada programa foi feito para que as pessoas pudessem usar o computador para cumprir tarefas que antes precisariam ser feitas no papel. Era o primeiro pacote de programas de escritório e serviu como precursor do Office Suite do Macintosh e eventualmente para o Microsoft Office. Eu estava orgulhoso do trabalho do Office Suite do Lisa, mas teria adorado ter tempo para garantir que mais programas fossem instalados antes do envio.

Depois conseguimos abrir nossas bibliotecas de desktop para desenvolvedores externos através de uma ferramenta que criamos e chamamos de Lisa ToolKit. As bibliotecas consistiam em dezenas de módulos de softwares usados nos programas internos do Lisa, incluindo o QuickDraw, de Bill Atkinson, um módulo gráfico poderoso. Felizmente, garantimos que a janela de ambiente do Lisa permitisse aos usuários inicializar o computador em mais de um modo de usuário. O modo principal para usuários não técnicos era por meio da GUI, que também dava acesso ao Office Suite. Depois adicionamos outro modo de usuário, através do qual desenvolvedores podiam acessar um segundo sistema operacional que tinha um editor de GUI baseado em texto chamado Lisa Workshop (mais tarde remodelado como o ambiente Lisa Monitor). Era um ambiente de desenvolvimento viável, mas não ideal, porque os desenvolvedores tinham que reinicializar fisicamente o computador toda vez que precisassem trocar de sistema operacional. O que precisávamos era de um ambiente no qual desenvolvedores de fora pudessem criar softwares dentro do sistema Office do Lisa, mas, novamente, dado o curto prazo, a maneira como acabamos fazendo era nossa única opção.

JOIAS CORPORATIVAS

Em algum ponto de 1982, durante o processo do desenvolvimento do Lisa e do Macintosh, Steve tentou solucionar nosso dilema da inovação entrando em contato com um desenvolvedor de software em rápido crescimento chamado Bill Gates. Bill era o CEO da Microsoft, uma empresa de software sediada em Bellevue,

STEVE JOBS E EU: MINHA CARREIRA NA APPLE

Washington, fundada por ele e seu sócio, Paul Allen. A empresa tinha entrado no negócio de sistemas operacionais alguns anos antes e em 1981 tinham lançado um sistema operacional de linha de comando chamado MS-DOS. Um ano antes, Bill tinha negociado um contrato com a IBM para desenvolver um sistema operacional para o IBM PC. Era um grande acordo para a Microsoft, catapultando a pequena empresa de software para um período de rápido crescimento.

Steve ficou impressionado pelo sucesso repentino da Microsoft e bolou um plano. Em vez de aproveitar nossos aplicativos do Lisa Office Suite, iria convencer Bill a fazer a Microsoft desenvolver planilhas e aplicativos de processamento de texto especificamente para o Macintosh. Como eu estava brigando com a Apple para permitir que desenvolvedores externos pudessem escrever programas para nossos computadores, não fiquei muito feliz com a ideia de contratar um que também estava no negócio de sistemas operacionais, especialmente Bill Gates, que já estava ganhando uma reputação de oportunista astuto.

Tentei convencer Steve a largar a ideia, mas ele não me ouviu e foi até a sede da Microsoft para mostrar sua ideia diretamente para Bill. Eu sabia que Steve era mais visionário, mas Bill era um empresário ardiloso que conseguia farejar oportunidades a quilômetros de distância. Ele aceitou a proposta de Steve sem pensar duas vezes. Quando Steve voltou, ele se gabou do negócio para a equipe executiva, dizendo: "Acabei de fazer o melhor acordo da história da humanidade!". O acordo, explicou, era que a Microsoft escreveria programas de processador de texto e planilhas para o Macintosh por somente 1 dólar de royalty por programa. Steve estava completamente em êxtase.

Embora o acordo pudesse ter parecido bom para Steve naquela época, não demorou muito para eu perceber suas ramificações. O Macintosh ainda não tinha seu próprio ambiente de desenvolvimento, o que significava que a Microsoft não poderia utilizá-lo para escrever os programas. Na verdade, todo o software do Macintosh ainda estava sendo escrito no Lisa para depois ser transferido. Isso significava que a Microsoft precisaria escrever os programas para o

Macintosh no Lisa. Depois da reunião, puxei Steve de lado. "Steve, você acabou de vender as nossas joias corporativas", eu disse para ele. "Porque agora temos que dar acesso à Tecnologia Lisa para o Bill Gates!"

MICROSOFT

No final dos anos 1982, o "navio que vaza por cima" tinha alagado. A mídia e praticamente todo mundo na Terra sabia que estávamos prestes a lançar um computador revolucionário e começamos a ser inundados por pedidos para vê-lo. Não sentíamos que fosse uma coisa ruim, porque, sim, queríamos dar para os clientes em potencial uma perspectiva além do Apple II, e, sim, queríamos que vissem como nosso produto era bem melhor do que o IBM PC. Para isso acontecer, o time de marketing de Trip Hawkins nos ajudou a desenhar e construir um cômodo especial para "Espiar", onde o Lisa podia ser visto em um lugar privado. Hoje esses cômodos na Apple são chamados de "centros de briefings" executivos.

Dentro do cômodo de Espiar colocamos seis Lisas, cada um rodando programas diferentes. Nosso departamento de vendas tinha convidado empresas da *Fortune* 400 para testemunhar o futuro do computador pessoal. Ninguém nunca tinha visto algo como o Lisa, e os que o viram ficavam encantados. Uma dessas pessoas era Bill Gates, que tinha voado até lá para ver o computador em primeira mão. Como instruído por Steve, dei uma demonstração completa para Bill sobre todas as coisas que o Lisa podia fazer. Bill e eu fomos de uma máquina a outra. "Como você fez isso?", ele perguntava. "Você está indo muito rápido. Mostra de novo!" Ele parecia uma criança em uma loja de doces. Eu praticamente conseguia ouvir sua mente agitada durante toda a visita.

Depois da demonstração, Bill voltou para Seattle e eu fiquei encarregado de enviar para ele dois dos nossos Lisa antes do lançamento, para que seu time pudesse começar a trabalhar nos programas do Macintosh. Por mais que odiasse ter que fazer isso, a ordem veio diretamente de Steve, então eu não tinha escolha.

Como prometido, Bill escreveu os programas para o Macintosh, mas também acabou fazendo muito mais. Em uma jogada inteligente e um tanto antiética, ele instruiu sua equipe da Microsoft a aproveitar a Tecnologia Lisa, principalmente nossa interface gráfica de usuário, e começar a desenvolver sua própria GUI, *muito* semelhante, com a ideia de usá-la para substituir seu sistema baseado em DOS. Bill chamaria seu "novo" software de Microsoft Windows.

Foi um tapa na cara da Apple que a Microsoft tenha copiado a GUI do Lisa ferramenta por ferramenta, mas Bill não parou aí. Também lançou o Mouse Microsoft, que era "coincidentemente" *muito* parecido com o mouse do Lisa, e para piorar, em 1983, no mesmo ano que o Lisa foi lançado com nosso Office Suite pré-instalado, a Microsoft lançou seu próprio, *muito* parecido, pacote chamado Microsoft Office, que incluía o Microsoft Excel e o Microsoft Word. Infelizmente, quando falei para Steve que ele tinha "vendido as joias corporativas", eu estava certo.

Anos depois do fiasco da Microsoft, John Sculley, o CEO da Apple na época, entrou com um processo contra a Microsoft por violação de direitos autorais, o qual a Apple acabou perdendo quatro anos depois. A decisão da corte, que permitiu à Microsoft vender o Windows indefinidamente, solidificou seu lugar como o maior rival da Apple nas décadas seguintes. O processo, porém, não foi uma perda total para a Apple, porque trouxe uma grande publicidade e atenção pública para as duas empresas. Mas doeu mesmo assim.

Foi o indivíduo Bill Gates, entretanto, que acabou ganhando mais com a decisão da corte. O enorme sucesso de mercado do Microsoft Windows fez com que o patrimônio líquido de Bill subisse para mais de 100 milhões de dólares em 1995, o que, de acordo com a *Forbes Magazine*, o tornava a pessoa mais rica do mundo, uma distinção que manteria por décadas.

Da minha perspectiva, parecia que Steve e Bill sempre foram rivais. Ambos incrivelmente competitivos e apaixonados pela tecnologia, porém, além disso, não tinham muito em comum. Steve era a definição de usar o lado esquerdo do cérebro, apaixonado e criativo, enquanto Bill era um programador e, claramente, tinha mentalidade metódica, do lado direito do cérebro. Ambos queriam ser reconhecidos como inventores, mas Steve via Bill mais como um empresário astuto movido por dinheiro e poder, em vez de alguém como ele, que confiou na criatividade e na inovação para mudar o mundo. Em uma reunião de quarta-feira pela manhã, lembro-me de Steve dizendo: "Bill quer entrar para a história como Thomas Edison, mas infelizmente ele ficará como John D. Rockefeller". Em partes, sua previsão se tornou verdade.

IMPACTO

Anos depois, no meio do processo Apple vs. Microsoft, e depois que deixei a Apple, recebi um telefonema inesperado de Bill. Ele se lembrava que eu lhe havia mostrado o Lisa na sala de Espiar e também sabia que eu tinha gerenciado o desenvolvimento do computador. Perguntou se eu estaria disposto a ir até a sede da Microsoft e passar o dia com ele. Eu sabia que ele queria discutir o processo e, embora já tivesse saído da Apple (da primeira vez), ainda sentia lealdade a Steve. Contudo, fiquei curioso.

Considerei se deveria ir ou não e finalmente aceitei a oferta por dois motivos. Primeiro porque sabia que não iria dizer algo que atrapalharia o processo da Apple. No máximo, ganharia informações do Bill e da defesa da Microsoft. Segundo porque ele concordou em me deixar levar meu filho, Kris, e eu sabia que visitar a sede da Microsoft e conhecer Bill Gates seria algo incrível para ele. Afinal, Kris era um nativo digital desde muito jovem, e Bill era um dos engenheiros e empresários mais respeitados no mundo.

Na semana seguinte, Kris e eu voamos até Bellevue, Washington, onde ficava a sede da Microsoft. Depois de descer do avião, eu esperava encontrar um estagiário ou assistente esperando para nos buscar. Em vez disso, Bill foi nos buscar com seu Lexus. "Ei, John!", disse, com um sorriso, como se fôssemos amigos próximos há anos. Tirou uma pilha de livros que estava no banco de trás para Kris sentar. A Microsoft tinha acabado de abrir seu capital uns anos antes, disparando o patrimônio líquido de Bill. Era estranho que um CEO tão importante, e um dos homens mais ricos do mundo, fosse nos buscar no aeroporto. Eu me senti honrado e Kris amou.

Depois de uma viagem curta, Bill, Kris e eu andamos pelas lindas instalações da Microsoft. Bill não falou nada sobre o processo. Ele passou um tempo conversando com Kris, que não conseguia conter a empolgação. Quando entramos no escritório de Bill, ele sentou à mesa, olhou para o meu filho e sorriu. "Kris, você nunca saberá o impacto que seu pai teve na Microsoft e na indústria dos computadores. Eu pensei que minha empresa estava morta quando seu pai me mostrou o Lisa. Quando voltei para a Microsoft, eu reorganizei toda a minha empresa". Isso era um eufemismo. Mas também foi um momento emocionante que nunca esquecerei, não só porque Bill me via como alguém de tanta influência na indústria, mas também porque Kris estava olhando para mim com um sorriso enorme, como se fosse o filho mais orgulhoso do mundo.

Na verdade, Bill queria falar comigo sobre um antigo projeto de pesquisa de que tinha ouvido falar e sobre o qual queria aprender mais. Disse que acreditava ter sido no Instituto de Tecnologia de Zurique, onde eu tinha ido visitar o Dr. Niklaus Wirth, o fundador do Pascal. O projeto, Bill explicou, era supostamente outra interface gráfica de usuário que existia antes do Xerox Alto. Ele estava tentando descobrir se eu sabia sobre esse projeto, presumivelmente para que pudesse usá-lo na defesa do processo da Apple, alegando que já havia uma GUI viável antes do Lisa. Mas a verdade é que eu nunca tinha ouvido falar sobre aquilo. Então, embora Kris e eu certamente tenhamos gostado do nosso tempo com Bill Gates na Microsoft, eu realmente não fui muito útil.

CAPÍTULO 7

O LEGADO DE LISA

"Vamos deixar uma marca no universo."
STEVE JOBS

Desde o momento em que mostrei Lisa a Bill Gates na sala do pré-lançamento da Apple, ele e a Microsoft demoraram três anos inteiros para emular a tecnologia, o tempo equivalente que levamos para projetá-la e desenvolvê-la. Achei isso intrigante, considerando que tudo o que tinham que fazer era engenharia reversa e ajustar o trabalho feito anteriormente, enquanto nós tivemos que encontrar uma maneira de fazer coisas que ninguém nunca havia feito. Ninguém nunca tinha escrito e desenhado um código para uma interface gráfica de usuário comercial além do Xerox PARC, muito menos para seus programas correspondentes. Mas, apesar da curva de aprendizado íngreme, competição interna e externa, recursos cada vez mais escassos e vários desafios ao longo do caminho, acabamos conseguindo. No dia 19 de janeiro de 1983, depois de ser inicialmente lançado na assembleia de acionistas da Apple, Lisa foi finalmente apresentado ao mundo durante uma reunião da Boston Computer Society no New England Life Center.

Eu tinha esperança de que todo mundo iria apreciar quão inovador e revolucionário era o Lisa e que essa apreciação levaria ao sucesso de vendas. Nunca estive tão empolgado com o lançamento de um produto, mas também estava preocupado porque sabia que ainda enfrentaríamos possíveis consequências relacionadas aos nossos desafios de pré-lançamento (como o Twiggy, o preço etc). Mesmo assim, pretendia aproveitar ao máximo a situação e, embora não tivesse como saber quanto o Lisa viria a influenciar o futuro dos computadores, tinha plena consciência de que estava no meio de um momento histórico da história dos computadores.

Depois da nossa apresentação introdutória em Boston, fui para Nova Iorque encontrar com Steve para uma série de coletivas de imprensa em uma suíte no Hotel Carlyle. Um Lisa estava montado perto de um piano de cauda, acima do qual havia uma grande tigela com morangos. Eu acho incrível como sempre me lembro de pequenos detalhes em grandes eventos. É a confirmação de que Steve estava certo quando nos dizia frequentemente que pequenos detalhes importavam. Não se engane, a conferência de imprensa naquele dia no Carlyle era um *grande* evento. Foi muito além de apenas um "burburinho", mais próximo do que pode chamar de euforia pública. Parecia que nenhum de nós conseguia parar de sorrir. A imprensa tirou centenas de fotos e fez perguntas rápidas, com os repórteres empolgados por não precisar mais depender de vazamento de informações para ver o futuro dos computadores pessoais.

Do momento que o Lisa foi apresentado até o momento em que começou a ser despachado, praticamente tudo falado na imprensa era positivo, com alguns até mesmo o chamando de o "início de uma revolução" nos computadores, exatamente o que Steve tinha me contratado para fazer cinco anos antes. Agora, aqui estávamos nós, lendo sobre nossa conquista em algumas das maiores publicações do mundo, incluindo *The New York Times*, *Time*, *Newsweek* e todas as revistas especializadas relevantes. Algumas das manchetes mais memoráveis incluíam:

- "Uma explosão de alta tecnologia"
- "Realmente nos surpreendeu"
- "Um computador pessoal extremamente amigável"
- "Uma nova geração de computação fácil"
- "Uma máquina que muda a forma como os computadores e as pessoas se relacionam"
- "Eu amo Lisa"

Tenho que dar crédito à Apple – eles fizeram uma campanha publicitária e de marketing maravilhosa para o Lisa. Eu carinhosamente me lembro do nosso primeiro comercial de TV, que tinha um jovem Kevin Costner com o cachorro, Jumbo Red, do filme *Flashdance*. Começava mostrando Costner relaxado pilotando uma moto ao amanhecer enquanto seu cachorro anda ao seu lado. Enquanto continua a passar tempo com seu cachorro, ele claramente não tem pressa para chegar em algum lugar ou fazer alguma coisa. Quando finalmente chega no escritório, ele senta na mesa, liga um Lisa e começa a trabalhar em uma interface gráfica de usuário apontando e clicando com um mouse com fio. Durante o comercial, o narrador fala:

> A maneira como alguns empresários gastam seu tempo não está só relacionada ao relógio. Na Apple, entendemos que o mundo dos negócios mudou. Por isso, fazemos os computadores pessoais mais avançados do mundo. E porque logo existirão só dois tipos de pessoas. Aquelas que usam computadores. E aquelas que usam Apple.

Quando o comercial chega próximo do fim, o telefone de Costner toca. Ele atende, sorri e diz para a pessoa do outro lado da linha (supostamente sua esposa): "Sim, estarei em casa para o café da manhã". Eu achava que o comercial capturava bem quão simples era usar a GUI do Lisa e como ajudava as pessoas atarefadas a economizarem tempo.

Também havia uma campanha impressa da qual eu gostava, que era com Steve se referindo aos computadores como "bicicletas para a mente", só que desta vez os anúncios se referiam ao Lisa como a "Maserati para a mente". Também era legal ver que alguns dos artigos estavam me descrevendo como "O pai de Lisa". Embora fosse lisonjeiro, eu era somente um membro de um time extremamente talentoso de designers, programadores, desenvolvedores, marqueteiros e outros que trabalharam juntos para trazer o Lisa à vida. Posso ter sido sortudo o suficiente para guiar o time, mas a verdade é que o Lisa tinha vários pais.

No entanto, uma das vantagens de ser chamado de "O pai de Lisa" era que tive a oportunidade de conhecer pessoas influentes em várias festas e eventos. Um dos mais memoráveis foi o evento de aniversário de cinquenta anos da *Newsweek,* no qual me sentei ao lado de Katherine Graham, editora de longa data do *The Washington Post*. Outro destaque foi ser convidado para participar do patrocínio da *Newsweek* do 51º Grande Prêmio de Endurance das 24 Horas de Le Mans, no qual pude sair com o próprio Superman, Christopher Reeve! Embora aqueles primeiros meses de 1983 tenham trazido alguns dos momentos mais marcantes da minha vida, nenhum se compara à alegria que tive ao apresentar Lisa ao mundo.

JOHN SCULLEY

Um dos últimos indivíduos a ver o Lisa naquele dia em Nova Iorque foi John Sculley, na época, o estimado presidente da Pepsi--Cola. Nosso encontro fez parte da estratégia que Steve orquestrou para convencê-lo a deixar a Pepsi e se tornar CEO da Apple. Eu, Steve e Floyd Kvamme (chefe de Marketing e Vendas da Apple) encontramos John para jantar aquela noite em Nova Iorque e conversamos por horas sobre a Pepsi e a Apple. John era universalmente conhecido como o gênio de marketing por trás da campanha de propagandas da "Geração Pepsi". A parte da campanha que fez mais sucesso foi o

"Desafio Pepsi", no qual representantes da Pepsi organizavam testes cegos que colocavam a Pepsi ao lado da Coca, seu maior competidor, em shoppings e mercados de todo o país. Enquanto os compradores passavam pelas barraquinhas da Pepsi, o time pedia para pararem e experimentarem dois refrigerantes diferentes em copos sem rótulos, um com Pepsi e o outro com Coca. Quando a pessoa experimentava os dois, eles tinham que responder qual gostaram mais e a mais escolhida era frequentemente a Pepsi. Quando a companhia começou a transmitir o desafio na televisão ele se tornou um grande sucesso e colocou a Pepsi em um nível mais equivalente ao da Coca, que dominava o mercado há anos.

Enquanto John descrevia os detalhes da campanha, começamos a nos perguntar se a Apple podia fazer algo parecido. Como a Pepsi, sentíamos que a Apple também estava tentando atingir uma nova geração de usuários de computadores. Steve amava o conceito de "experimentar antes de comprar" presente na campanha da Pepsi e eventualmente faria algo parecido com a campanha "Teste Drive do seu Mac", na qual possíveis usuários do Macintosh poderiam "pegar emprestado" um Mac para testar em casa por um curto período de tempo. Era essencialmente um programa de empréstimo de computador, inédito, e ajudou muito a convencer as pessoas de que usar um computador pessoal não era tão difícil.

Naquela mesma noite em Nova Iorque, tirei um tempo para passar os detalhes da "Tecnologia Lisa" para John e ele ficou encantado. Ele nos falou mais tarde que estava igualmente impressionado com a nossa paixão pelo Lisa e os planos ambiciosos para mudar o mundo. Nós quatro continuamos no restaurante até fechar, compartilhando com entusiasmo histórias, ideias e visões para o futuro. E quando finalmente fomos embora, combinamos de tomar café da manhã juntos no dia seguinte! Depois que Steve e eu voltamos para o hotel, estávamos tão empolgados com tudo daquele dia que ficamos acordados a noite inteira pensando em novas ideias. Sem dormir nem um pouco e funcionando na base da adrenalina, encontramos John para tomar café da manhã, continuando de onde paramos na noite anterior.

Depois desses encontros iniciais em Nova Iorque, Steve continuou tentando convencer John a vir para a Apple. John visitou a sede da Apple várias vezes e estava claramente considerando a ideia. Foi durante uma dessas visitas que Steve fez a famosa pergunta: "Você quer continuar vendendo água com açúcar o resto da sua vida ou quer mudar o mundo?". Esse era definitivamente o Steve que eu conhecia. O mesmo que, no nosso primeiro encontro, foi tão inspirador e apaixonado que me deixou na beirada da cadeira, pronto para ajudá-lo a fazer história. Em seu mundo, resistir era fútil. Se ele quisesse algo (ou alguém) o suficiente, parecia sempre dar um jeito de conseguir, e dessa vez não foi diferente. No dia 8 de abril de 1983, John Sculley largou o cargo de presidente da Pepsi-Cola e se tornou o terceiro CEO da Apple.

LISA FOI UM FRACASSO?

Antes da chegada do Lisa ao mercado, as expectativas na Apple eram altas. Sabíamos que tínhamos um produto revolucionário e inédito, e estávamos orgulhosos de ter ditado a direção do futuro do computador pessoal. Agora só precisaríamos colocar o Lisa nas mãos do maior número de pessoas possível e sabíamos que, assim que sentissem o gosto do futuro, não haveria mais volta. Afinal, voltar seria como ter um celular antigo dos anos 1990, receber o iPhone mais recente por algumas semanas, e depois tentar voltar para o antigo celular. Era isso que queríamos que as pessoas experimentassem com o Lisa. Quando sentissem o gosto de ter uma interface gráfica de usuário, sabíamos que não iam querer voltar para os sistemas operacionais baseados em texto.

O Lisa começou a ser enviado em junho de 1983. Nossa meta era vender 10 mil Lisas durante a segunda metade do ano, mesmo com as limitações de um time de vendas de cinquenta pessoas! Apesar do preço alto de 10 mil dólares e dos drives Twiggy não confiáveis, acabamos realizando muitas vendas para universidades e no exterior, e vendendo mais de 13 mil unidades, superando facilmente as expectativas iniciais. Um grande motivo de termos tantas vendas foi porque não existia nada parecido no mundo. O Lisa podia fazer coisas que outros computadores não conseguiam, não chegavam nem perto. Mas os desafios que tivemos durante a etapa de desenvolvimento não sumiram.

Lembra do navio que vaza por cima? Agora que o mundo estava vendo o poder de uma interface gráfica de usuário e de um mouse, era claro que queriam mais. Mas, por 10 mil dólares, o Lisa era caro demais para muitas empresas que normalmente comprariam várias unidades. Isso aumentou significativamente a demanda de um computador com GUI mais barato e, de repente, as comportas de boatos da Apple foram reabertas. Aparentemente todo mundo começou a comentar sobre esse novo computador da Apple de que tinham ouvido falar (pelo Steve) que era basicamente o Lisa, mas que custava menos. Centenas de compradores em potencial decidiram esperar. Mas não precisaram esperar muito, porque em janeiro de 1984, somente sete meses depois de o Lisa começar a ser vendido, a Apple apresentou o Macintosh.

Como prometido, o Macintosh tinha uma interface gráfica de usuário e um mouse, assim como o Lisa, mas com uma grande diferença: custava somente 2.500 dólares. Pelo preço de um Lisa, os usuários poderiam comprar quatro unidades do Macintosh. Para qualquer um que quisesse um computador com GUI, era um ótimo negócio. Embora o Macintosh tenha sido pensado para consumidores individuais, em vez de empresas, muitas não resistiram à diferença enorme de preço e compraram no atacado. O Macintosh começou instantaneamente a vender unidades em ritmo avassalador, mas as coisas não estavam indo tão bem para seu irmão mais velho, o Lisa.

Durante o ano de 1984 o Lisa vendeu aproximadamente 40 mil unidades. Esses números iriam cair mais ainda na primeira metade de 1985, o que levou à sua descontinuação. Durante os dois anos de vida do Lisa, aproximadamente 4.500 unidades eram vendidas, em média, por mês, um número bem próximo das projeções iniciais de vendas da Apple. A NASA acabou sendo o maior cliente do Lisa, comprando centenas de unidades de uma só vez. Acabamos vendendo mais exemplares internacionalmente do que no país. No final, o Lisa tinha vendido um pouco mais de 100 mil unidades por 10 mil dólares cada. Isso significava que, durante a vida útil de dois anos do Lisa, ele deu uma receita de 1 bilhão de dólares para a Apple (equivalente a 2,6 bilhões em 2020), enquanto custou 50 milhões para ser feito.

Quando as pessoas olham para a história da Apple, sempre têm a ideia errada de que o Lisa foi uma "falha". Mas foi mesmo? Para responder, vamos olhar as primeiras vendas do Lisa em comparação com seu antecessor, o Apple II. A coisa mais parecida entre eles foi que, na época de seus respectivos lançamentos, ambos eram revolucionários. O Apple II foi lançado em junho de 1977 e vendeu 100 mil unidades até o fim de 1980, dois anos e meio depois. O custo inicial do Apple II era de somente 1.300 dólares, sendo um computador relativamente barato. Em contrapartida, um Lisa de 10 mil dólares demorou somente dois anos para alcançar a marca de 100 mil unidades vendidas. Não estou dizendo que o Lisa era melhor do que o Apple II, porque eram computadores completamente diferentes e feitos para mercados e usuários distintos. Mas acho interessante comparar os dois em termos de custo e unidades vendidas.

LISA vs. MACINTOSH

Comparando os primeiros resultados de vendas do Lisa com os do Macintosh, obviamente a história é diferente, mas até aqui há alguns pontos para destacar. Como mencionado, os custos de quatro anos de desenvolvimento da Tecnologia Lisa ficaram em torno de 50 milhões de dólares, enquanto o Macintosh tinha sido feito com muito menos. O custo do Lisa foi tão alto porque tivemos que pagar pela pesquisa *e* pelo desenvolvimento de uma GUI completamente redesenhada, mouse, software e várias outras ferramentas. Isso acabou reduzindo significativamente os custos de desenvolvimento do Mac porque pudemos pular várias partes da pesquisa e aproveitar o design e software do Lisa, o que economizou tempo e dinheiro para a Apple.

Os números iniciais de vendas do Macintosh eram incrivelmente altos (em torno de 70 mil unidades nos primeiros três meses) comparados com os do Lisa, mas também era vendido por um quarto do preço. O Macintosh também foi lançado com vários programas Microsoft, enquanto o Lisa somente com o seu Office Suite. O Mac conseguiu se beneficiar de programas de terceiros desde cedo, mas o software dele não rodava no Lisa. Isso forçou a maioria dos compradores em potencial a escolher entre um Lisa caro ou um Macintosh barato.

Um ano depois que o Lisa começou a ser despachado, a Apple decidiu reformulá-lo como Lisa 2, vender pela metade do preço e dar aos donos do Lisa original um upgrade de hardware gratuito. Mas fazer isso deixou a empresa sem um computador de topo de linha, então acabaram reformulando o Lisa pela segunda vez só um ano depois. Em vez de fazer uma versão Lisa 3, a Apple finalmente percebeu que ter duas linhas diferentes de computadores competindo uma contra a outra não fazia sentido. Fechando o círculo, o Lisa foi mais uma vez posicionado como o computador de ponta da Apple. Em esforços para combinar as duas linhas de produtos, o nome foi trocado para "Macintosh XL" e recebeu uma tela maior, mais memória e disco rígido. Essa última versão do Lisa finalmente incluía um kit de migração que consistia em um programa chamado MacWorks, permitindo rodar quase todos os tipos de software do Macintosh, uma ferramenta que eu tinha lutado para ter desde 1980. Essas mudanças transformaram o Lisa em um Macintosh maior, mais poderoso e mais caro. Em 1986, um ano depois que o Steve saiu da Apple, a linha inteira de produtos Lisa foi permanentemente descontinuada, e o Macintosh se tornou o único foco da empresa. Os computadores Lisa remanescentes foram vendidos para um revendedor, o Sun Remarketing, e mais tarde acabariam em um aterro, mortos e literalmente enterrados.

INFLUÊNCIA DO LISA

Embora o Lisa tenha ficado obsoleto somente dois anos depois do lançamento, sua influência em todos os computadores que vieram depois dele, assim como em outras indústrias, continua presente até hoje. A primeira e mais óbvia influência foi no Macintosh. À primeira vista, o Lisa original e o Macintosh original, embora tenham sido introduzidos com um ano de diferença, eram semelhantes de várias maneiras. Ambos foram feitos com a Tecnologia Lisa e ambos tinham uma interface GUI, um mouse, a habilidade de copiar e colar e múltiplas fontes proporcionais com tamanhos selecionados pelo usuário. Mas também havia diferenças significativas entre os dois. Por exemplo, na parte de hardware, só o Lisa vinha com um disco rígido, slots de expansão integrados, uma tela grande de alta resolução, um teclado numérico e suporte para até 2 MB de memória.

Também havia diferenças grandes em relação ao software. Por exemplo, o sistema operacional do Lisa vinha com um plano de fundo e habilidade de fazer várias tarefas ao mesmo tempo e lidar com vários sistemas operacionais; nenhuma dessas opções estava disponível no Macintosh naquela época. O Lisa também vinha com cinco programas escritos no Pascal, uma linguagem de alto nível que o código assembly usava para criar os programas do Macintosh. Finalmente, uma das melhores coisas do Lisa era que vinha com Memória Protegida, uma ferramenta que permite aos usuários desligarem o computador e simplesmente se afastarem sabendo que todos os seus dados seriam automaticamente salvos da maneira que tinham deixado. Por alguma razão, esse recurso não seria incluído como parte do Macintosh por décadas.

Essas eram algumas das diferenças que faziam a tecnologia do Lisa ser mais sofisticada e poderosa do que a do Macintosh e por que a maioria dos engenheiros da Apple na época acreditava que desenvolver e fazer propaganda do Lisa com um preço mais baixo teria sido uma opção melhor. Steve Wozniak até declarou que "a Apple deveria ter escolhido o sistema operacional do Lisa".

O Lisa também influenciou de maneira significativa várias inovações tecnológicas além do Macintosh. Mudou para sempre a maneira como os computadores são construídos e usados e reformulou a imagem inteira da indústria. Um equívoco comum é dizer que a Apple só copiava tudo do Xerox Alto, mas a realidade é que o Alto era uma máquina de pesquisa de 50 mil dólares sem uma GUI, software de negócios ou proteção de arquivos. Faltavam funcionalidades básicas e programas. O Lisa ia além do que os caras da Xerox tinham imaginado. Pegamos uma boa ideia do xerox PARC e a melhoramos, assim como a Xerox tinha feito em 1986 depois da apresentação de Engelbart "A mãe de todas as demonstrações".

Desde o meu primeiro dia na Apple, a tarefa que Steve tinha me passado era clara: construir um computador revolucionário que iria redefinir a natureza do computador pessoal. Por causa de sua visão e o trabalho pesado do meu time extraordinário, estou orgulhoso em dizer que completei a tarefa com sucesso. Algumas vezes ouço as pessoas dizerem que o Lisa "não pegou", mas elas estão erradas. Pegou na forma do Macintosh, que mais tarde transformaria a indústria da computação de maneiras que os consumidores não conseguiam imaginar – especificamente por causa da Tecnologia Lisa. Na verdade, todo sistema operacional que existe atualmente foi influenciado pelo Lisa, desde o Mac OS e o iOS até o Microsoft Windows e o Android. Quer as pessoas acreditem ou não que o Lisa foi financeiramente malsucedido, não há como contestar o impacto que ele teve historicamente.

O que o Lisa introduziu para consumidores comuns	
Interface gráfica do usuário (GUI)	Habilidade de arrastar e soltar
Interface baseada em janelas	Capacidade de copiar, editar, cortar e colar
Mouse e cursor	Sistema de área de transferência para mover dados
"Desktop" virtual	Capacidade de salvar e recuperar documentos
Ícones de computador	Modo de baixo consumo (gerou o modo de suspensão)
Barra de menu	Integração software/hardware
Menus suspensos	Caixa de diálogo pop-up e caixas de mensagens
Barras de rolagem nas janelas	Fácil desmontagem do sistema
Zoom nas janelas para abrir/fechar	Nomes de arquivos não físicos
"Arquivos e pastas" do computador	Teclados multilíngues
Gerenciador de arquivos da área de trabalho (gerou o Finder)	Testes de inicialização de autodiagnóstico
SO de memória protegida	Contraste e ajuste de brilho da tela
Fluxo de trabalho orientado a documentos	Fluxo de trabalho orientado a tarefas
Antipirataria e proteção contra cópia	Migração do MacWorks (gerou o Bootcamp)
Pacotes de software de escritório (MS Office)	Documentos com proteção por senha
Janelas sobrepostas	Fonte com espaçamento proporcional selecionado pelo usuário
Duplicação de nomes de arquivos	SO Macintosh
iOS	SO Microsoft Windows

CAPÍTULO 8

DO LADO DE FORA, OLHANDO PARA DENTRO

"A vida continua e você aprende com ela."
STEVE JOBS

NA METADE DE 1983, ESTAVA CLARO QUE A ATENÇÃO DA APPLE continuaria no Macintosh, pois Steve acreditava firmemente que produtos baseados em usuários teriam um grande mercado e ditariam o futuro da Apple. Eu estava grato por ter tido a oportunidade de trazer o Lisa para o mundo, mas também desapontado de ver o Mac comandar *todos* os recursos disponíveis da Apple. Era especialmente difícil ver meu talentoso time do Lisa ser forçado a ficar do lado de fora, olhando para dentro, e não receber o reconhecimento que mereciam. Essas frustrações com certeza estavam contribuindo para a minha futura decisão de deixar a Apple, mas o principal motivo não tem muito a ver com o trabalho, e sim com a minha casa.

CABO DE GUERRA

No verão de 1983, enquanto estava de férias no Japão, tomei a decisão de sair da Apple. Tinha passado lá os últimos cinco anos e tive a sorte de trabalhar diretamente com Steve, que sempre me fez sentir como se eu fosse parte de algo maior, algo que importava, ou, como ele gostava de dizer, "algo incrivelmente bom". Mas, ao mesmo tempo, ser parte de uma startup de crescimento rápido teve um impacto enorme na minha família. Trabalhar 15 horas por dia não era apenas rotina na Apple, era um requisito. O time Macintosh ficava orgulhoso disso e usava camisetas que diziam "90 horas por semana e amando!".

Essas jornadas longas não eram um problema para os famintos, ambiciosos e solteiros de vinte anos, recém-saídos da faculdade, mas eu era um pai de três filhos com 36 anos, outro filho a caminho e, à medida que a Apple continuava a crescer rapidamente, minha carga de trabalho se tornava cada vez mais pesada. O trabalho na Apple simplesmente nunca terminava. Era muito agitado, desde o momento em que acordávamos de manhã até o momento em que (às vezes) íamos dormir tarde da noite. Esse era o ambiente ao qual estava acostumado havia anos.

Mas eu realmente comecei a olhar para a situação quando estava no Japão, onde deveria combinar um período sabático com férias, mas, em vez disso, eu estava dando entrevistas para a imprensa e escrevia um plano de negócios da divisão de software para John Sculley. Depois de voltar para o meu quarto de hotel, encontrei um poema escrito pela minha filha de sete anos, Tiffany, que expressa bem a tensão entre minha vida no trabalho e em casa.

> *Eu não vou jogar cabo de guerra,*
> *Eu prefiro brincar de guerra de abraço,*
> *Onde todo mundo abraça em vez de puxar,*
> *Onde todos se beijam e todos sorriem,*
> *E todos se abraçam e todos ganham.*

Suas palavras me tocaram e praticamente me fizeram chorar. Eu sabia que eu era o motivo desse cabo de guerra sem fim, negando para minha filha seus procurados abraços, beijos e carinhos. Estava perdendo uma grande parte da vida dos meus filhos e sentia que se não fizesse nada, isso não mudaria, mesmo que minha esposa e eu estivéssemos planejando trazer outra criança para nossas vidas. A pior parte foi que eu sabia que se continuasse trabalhando tantas horas na Apple, só continuaria me convencendo de que estava fazendo aquilo pela minha família. A verdade é que, bem no fundo, eu sabia que estava seguro financeiramente e "fazer aquilo pela minha família" era uma desculpa esfarrapada. Realmente amava trabalhar, mas não podia mais justificar as jornadas malucas. Tendo perdido meu pai aos cinco anos de idade, um dos meus maiores medos era que meus filhos tivessem que viver sem o pai deles.

SAINDO DA APPLE

O principal motivo para não ter falado diretamente com Steve sobre minha saída quando voltei do Japão foi porque sabia que ele conseguiria me convencer a ficar. Em vez disso, fiz um rascunho da minha carta de demissão e mandei para nossa chefe de RH, Ann Bowers, na qual explicava meus motivos para sair e como foi difícil tomar essa decisão. O principal motivo de ter sido tão difícil foi porque sentia que estava abandonando meu time do Lisa em uma época em que já estavam se sentindo abandonados por causa do foco total de Steve no Macintosh.

Ann hesitou em aceitar minha demissão. Durante os últimos meses, ela explicou, as mudanças de liderança na Apple tinham expulsado muitos executivos, e o novo CEO, John Sculley, queria desacelerar o êxodo em massa. Perguntou se eu poderia esperar até ela falar com Sculley e concordei, relutante. Alguns dias depois Anne me chamou em seu escritório e disse que Sculley tinha pedido para eu terminar meu ano sabático antes de me demitir. Eu não sabia que pedir demissão era tão difícil! "Em vez de se demitir", Anne disse, "eu posso deixar sua carta de demissão na gaveta por alguns meses". Como eu queria sair em bons termos, aceitei a oferta.

Durante meu tempo afastado, considerei minhas opções pós-Apple e percebi que muito da minha riqueza estava na forma de opções da Apple às quais eu precisaria ter acesso para fazer a transição. Os executivos corporativos não têm permissão para exercer (comprar) ou vender opções de ações no mesmo dia, mas como eu estava pedindo demissão e precisava ter acesso rápido a parte do dinheiro, disse ao meu corretor para vender uma parte das minhas ações. Conforme instruído, ele exerceu as opções, mas não foi capaz de vender as ações antes do fechamento do mercado. Na manhã seguinte, a Apple teve uma queda de dois dígitos no preço de suas ações, o que significava que receberia significativamente menos dinheiro por minhas ações exercidas.

Perder tanto dinheiro literalmente da noite para o dia já era ruim o suficiente, mas então percebi que tinha exercido as opções e vendido minhas ações sem considerar que, tecnicamente, ainda era um executivo da Apple, o que significava que as transações que tinha acabado de fazer eram *ilegais*. Preocupado com a possibilidade de ter problemas, expliquei a Ann Bowers o que aconteceu e pedi que aceitasse a carta de demissão datada anteriormente que eu havia enviado, o que ela concordou em fazer. E com isso era oficial: eu não era mais um funcionário da Apple.

Nunca fui de me estressar com coisas sobre as quais não tenho controle, passei a aceitar o fato de que meu erro com as ações tinha me custado dinheiro, mas também fiquei aliviado porque meu descuido não me trouxe problemas. Eu estava feliz de que essa história tinha acabado – ou, pelo menos, eu achava que tinha.

Não muito depois da minha demissão, a Apple foi processada por um grupo de acionistas pela queda súbita do preço das ações e eu era uma das pessoas intimadas para comparecer na corte. No meio do meu depoimento, os advogados dos querelantes sugeriram que a queda de preço ocorreu por conta dos drives Twiggy defeituosos do

Lisa e, por causa disso, poderia ter vendido minhas ações quando o fiz por conta de "informação privilegiada". "Se eu soubesse que as ações da Apple iriam cair por conta dos defeitos do Lisa", disse, "porque eu esperaria até elas caírem e depois venderia por menos dinheiro?". Os advogados olharam uns para os outros, percebendo que sua acusação não fazia sentido. Um deles olhou para mim e disse: "Sem mais perguntas". Eu estava aliviado de ter perdido 30 dólares por ação, porque se elas tivessem subido ao invés de cair, eu poderia ter enfrentado multas pesadas por ter informações privilegiadas.

DIZENDO ADEUS

Um pouco depois da minha demissão, voltei para a Apple para conversar com Steve sobre os motivos da minha saída. Afinal, ele era o motivo de eu ter entrado na empresa para começo de conversa. Queria garantir que ele sabia como eu me sentia em relação a ele e quanto foi importante para mim ter essa experiência incrível. Mas eu também expliquei como era importante, nessa etapa da minha vida, estar disponível para a minha família e passar mais tempo seguindo minha fé.

Ele entendeu completamente e acabamos tendo uma conversa legal. Uma das coisas que mais me impressionava sobre ele era como tinha amadurecido durante esses anos em termos de compaixão e ter mais tolerância com aqueles que tinham crenças diferentes. Por exemplo, até onde eu sei, ele nunca foi uma pessoa religiosa. Uma vez, no começo da Apple, ao passar por uma imagem de Jesus que uma das minhas estagiárias tinha pendurado no cubículo, ele a arrancou na frente dela. Eu fiquei chocado, foi uma das coisas mais rudes que já o vi fazer.

Mas ele tinha mudado muito. Fiquei especialmente impressionado com quão mente aberta ele estava quando falei sobre a importância, para mim, de dedicar mais tempo à minha fé. Depois que terminei de falar, ele ficou sentado em silêncio por um momento, olhou para mim e disse: "John, eu entendo. Embora não compartilhe da sua convicção, eu te respeito por isso". Isso significou muito para mim.

Quando levantei para ir embora, aparentemente do nada, Steve falou: "Sabe, você vai acabar na área da educação". Não sei como ele chegou nessa conclusão, porque nunca tínhamos falado sobre isso. "Você acha?", perguntei. "Quando isso acontecer", continuou, "pegue o que aprendeu aqui e aplique de jeitos que farão a diferença". Fiquei realmente confuso com essa profecia da educação, mas independentemente de onde eu acabasse, sabia que seu conselho era bom. Ele olhou lentamente para mim de trás de sua mesa e disse: "E quando você *voltar*, traga todas as coisas que aprendeu".

Até hoje não sei por que Steve disse isso naquela época, mas estava certo, porque era exatamente o que ia acabar acontecendo. Fui trabalhar com educação e mais tarde *aplicaria* as lições que aprendi durante aquele tempo quando voltei para a Apple, como VP de *Educação* – uma posição totalmente nova que ele criou para mim. Ele não tinha previsto o futuro, tinha *inventado*!

Fiquei feliz por Steve ter mantido o contato depois que saí e até ter entrado em contato algumas vezes depois de ele mesmo ter saído da Apple. Um dos momentos mais memoráveis durante esse tempo foi quando ele me convidou para sua festa de aniversário de trinta anos, na qual todo mundo viu uma performance inesquecível da lendária cantora de jazz Ella Fitzgerald. Sabendo da admiração de Steve pela Disney, meu presente para ele naquele ano foi um livro gigante do Walt Disney sobre animação e criatividade. Acabou se tornando uma escolha irônica, porque mais tarde ele venderia seu estúdio de animação, Pixar, o que o tornaria instantaneamente o maior acionista da Disney.

SEGUINDO EM FRENTE

Apesar da aparente capacidade presciente de Steve, eu não tinha ideia do que faria depois de deixar a Apple, mas não demorou muito para que oportunidades interessantes começassem a surgir. A primeira veio por meio de um grupo de investidores anjo que Tom Whitney e eu criamos. Eu acabei investindo 250 mil dólares em uma empresa chamada Lightyear e, por um breve período, fui CEO dela. O produto da Lightyear era uma "planilha avançada" que permitiria aos usuários lidar com dados qualitativos (que não podem ser definidos por um número). Foi uma ideia interessante que recebeu muito destaque na imprensa, chegando a ser capa da *PC Magazine*. O problema era que o software só rodava em um PC e não podia rodar em computadores Apple, o que não ajudou em meu relacionamento com Steve. No final, a Lightyear acabou sendo um alarme falso e não deu certo, mas, como minha primeira tentativa de assumir o cargo de CEO, aprendi muito com a experiência, mas principalmente como ser mais cuidadoso com meus investimentos e meu tempo!

Depois da Lightyear, mais uma vez me vi inseguro quanto ao meu próximo movimento. Uma das boas coisas desse período foi que eu estava começando a ganhar reputação de investidor anjo com experiência executiva, o que foi uma combinação importante que me trouxe oportunidades inéditas. Mas, a essa altura, senti que precisava dar um tempo na atração sem fim do cenário de startups do Vale do Silício e comecei a procurar em outro lugar. Onde seria isso, eu não sabia, mas *sabia* que precisava me concentrar em um dos principais motivos pelos quais deixei a Apple: passar mais tempo com a família. Naquela época, minha esposa e eu tínhamos uma casa de praia em Del Mar, para onde ela e nossos filhos iam todos os verões, enquanto eu permanecia no Vale enterrado no trabalho. Não conseguia vê-los muito nesse tempo, algo do qual me arrependi. *Daqui em diante*, pensei, *vou ter um papel mais ativo na vida deles.*

Acabei vendendo nossa casa em Los Gatos, no norte da Califórnia, e me mudando com minha família para Rancho Santa Fé, um subúrbio no norte de San Diego. Foi incrível estar totalmente comprometido com minha família e fé e ter tempo para frequentar a Igreja regularmente. Uma das coisas mais importantes pelas quais orei naquela época foi por direção. Aparentemente, Deus estava ouvindo, porque em algum momento recebi a parábola do "Bom samaritano", dizendo-me para parar de me preocupar com o passado e o futuro e, em vez disso, encontrar uma maneira de atender a uma necessidade *presente*. Foi essa direção que me ajudou a identificar que uma necessidade presente tinha a ver com as lutas contínuas da pequena escola que meus filhos frequentavam, a Santa Fe Christian.

SANTA FE CHRISTIAN

Depois de me estabelecer no sul da Califórnia, matriculei meus dois filhos mais velhos em uma pequena escola particular de ensino fundamental e médio chamada Santa Fe Christian Academy (SFC). Um dia, depois de deixá-los na escola, fui abordado por um pai que me perguntou se eu gostaria de me juntar ao conselho. Sempre achei que fosse minha responsabilidade como pai apoiar a educação dos meus filhos de todas as formas possíveis. Vendo como essa oportunidade também se encaixava no meu chamado para atender uma necessidade do presente, aceitei a oferta.

Essa não era minha primeira vez que me envolvia com a educação. Eu tinha passado um tempo como instrutor da UC Berkeley, ensinado dois cursos na Cal State San Jose, introduzi o Apple II para a escola St. Marry, em Los Gatos, a qual inspirou o programa da Apple Kids Can't Wait. Todas essas experiências criaram um lugar especial em meu coração para a educação, mas nunca tive tempo para ir mais fundo. Mesmo assim, inicialmente vi meu papel na Santa Fe Christian como sendo temporário, mas acabei me apaixonando pelos alunos e professores e decidi ficar mais tempo do que havia planejado.

Comecei meu trabalho no conselho na SFC escrevendo um plano de negócios de cinco anos com duas extensões de cinco anos, mas, no processo, vi como as coisas estavam ruins. A escola estava profundamente endividada, devendo aproximadamente 300 mil dólares, perdendo 30 mil por mês, e tinha em contrato apenas mais trinta dias de aluguel da propriedade. Minha primeira reação foi: *Ah, não, será que cometi outro erro? Tenho que sair daqui, porque não quero estragar tudo.* Senti que já havia falhado em salvar a Lightyear e não queria falhar de novo, especialmente em algo tão importante para a vida dos meus filhos. Mesmo assim, precisava cumprir meu compromisso. Senti o Senhor perguntar: *"Abençoei toda a sua vida com uma família, a oportunidade na Apple e recursos financeiros, e agora, na primeira vez que você não consegue ver a luz no fim do túnel, você quer correr?"*. Foi uma mensagem tão poderosa que decidi entregar os resultados ao Senhor e me comprometer 100% em recuperar a escola.

Enquanto me preparava para escrever aquele plano de negócios inicial da SFC, a primeira coisa que se destacou foi a falta de visão para a escola. Uma das principais lições de trabalhar com Steve foi que ele sempre teve uma visão clara para a Apple e sabia exatamente por que estávamos no mercado. "Se vocês não sabem por que existe sua escola ou para onde querem ir", eu disse sem rodeios para o conselho, "a única coisa que posso garantir é que nunca chegarão lá". O plano de negócios que escrevi foi baseado em um estudo demográfico que conduzi em um raio de 16 quilômetros da escola. Ele mostrou que 60% das pessoas que moravam perto da escola tinham algum tipo de ensino superior, mas o SFC não tinha cursos de nível universitário e nenhum de nossos graduados jamais frequentou uma universidade da Ivy League. Aprendi até mesmo por meio de entrevistas que muitos pais passavam pela escola, viajando 16 ou mais quilômetros para chegar a escolas que se concentravam na preparação para a faculdade. Estava claro que o problema número um da SFC era que a escola não estava atendendo às necessidades de sua comunidade.

O CHAMADO

Embora eu pudesse ter proposto transformar a Santa Fe em uma escola preparatória para a faculdade ao adicionar um filtro de admissões e só aceitar crianças com pontuações altas em provas e boas memórias, para mim isso nunca foi uma opção. Minha fé era forte e eu acreditava que tinha recebido uma missão diretamente de um poder superior que estava falando: *Eu quero que você construa uma escola para todas as minhas crianças, não só para as ricas*. Esse

JOHN COUCH E JASON TOWNE

chamado específico não me deixaria dar as costas para as crianças que precisavam de ajuda – um chamado que ficaria comigo para o resto da minha vida.

Continuei bancando a sfc pelos dez anos seguintes, inclusive ajudando-os com a compra dos 40 mil metros quadrados de terreno onde a escola estava e eliminando sua dívida. Ainda lembro um sonho vívido que tive nessa época no qual estava em um barco jogando coletes salva-vidas para pessoas se afogando e ouvi um aviso: "Em algum momento, chegará um dia que as pessoas irão discutir sobre a cor de seus coletes salva-vidas". Depois de refletir sobre isso, sabia que em algum momento a liderança da sfc começaria a considerar as melhorias como certas, e esse seria o dia em que eu precisaria seguir em frente, livre do chamado de Deus ali, e encontrar outra necessidade presente.

Quando quitamos as dívidas da escola e compramos o terreno, as coisas estavam melhorando, mas sabia que ainda precisávamos construir um ginásio para os alunos. Durante uma reunião de conselho, dei uma apresentação sobre a importância de ter um ginásio e disse que deveríamos começar a planejar e construir um logo. Mas o chefe do comitê financeiro discordou, insistindo que arrecadássemos fundos antes de começar. Eu prometi que o dinheiro viria, mas discordaram de novo e fui derrotado. Foi então que percebi que agora estavam discutindo sobre a cor dos coletes salva-vidas e apresentei minha demissão para o final do ano letivo. Eu dava uma festa de Natal em minha casa todos os anos para os membros da diretoria da sfc e, em vez de quebrar essa tradição, decidi organizar mais uma antes de sair. Durante a festa, fui abordado por um dos membros do comitê financeiro que tinha sido contra a minha ideia do ginásio. "Andei pensando muito sobre o que falou e você está certo", ela admitiu. "Não deixamos espaço em nossos números para o Senhor trabalhar." No final das contas, o comitê mudou de ideia e começou a construir o ginásio antes de garantir todo o financiamento, exatamente como sugeri. Foi totalmente pago em poucos meses.

GRANDES MUDANÇAS NA APPLE

Enquanto estava na Santa Fe Christian continuei de olho nas várias mudanças acontecendo na Apple. Algumas eu não achava boas. Uma que se destacou foi o nível crescente de preocupação de Steve Wozniak em relação à falta de investimento no programa Apple II. Em 1981, o acidente de avião de Woz o deixou afastado por um longo tempo. Ao voltar, ficou desapontado em ver que a Apple tinha continuamente tirado recursos do seu Apple II (ainda o computador pessoal que mais vendia no mundo) para investir no Apple III, que tinha suas falhas. Agora, anos depois, a Apple estava novamente dando as costas para o Apple II, dessa vez pelo Macintosh, independentemente do fato de o Apple II ser responsável por quase 85% das vendas da Apple, mesmo com o Macintosh já no mercado.

Mas as frustrações de Woz não eram tanto sobre o foco da Apple no Macintosh, mas sim sobre sua sensação de que sua equipe do Apple II não estava recebendo o crédito e o respeito que merecia, não muito diferente dos sentimentos que eu tinha sobre minha equipe do Lisa. Mesmo assim, uma luta com a atual liderança da Apple era algo que Woz sabia que perderia. Então, voltou sua atenção para uma nova invenção: um controle remoto de um único botão que ele e um colega haviam projetado. Não surpreendentemente, a Apple não demonstrou interesse no dispositivo, o que levou Woz a apresentar sua renúncia e deixar a Apple para seguir carreira em novos empreendimentos.

Enquanto isso, as coisas não estavam indo tão bem para Steve Jobs também, pois ele e o CEO da época, John Sculley, estavam discordando frequentemente, algo que foi uma surpresa para algumas pessoas. Eu lembro que Steve e Sculley já foram muito próximos. Desde que Steve e eu saímos com ele aquela noite em Nova Iorque, os dois tinham se tornado inseparáveis. No final de novembro de 1984, eram conhecidos por concordarem bastante, tanto que uma edição da revista *Business Week* os apresentou na capa com o título "Dupla dinâmica da Apple: e seu plano ousado para enfrentar a

IBM no escritório". Mas agora as coisas tinham claramente mudado. Chegaram a um ponto de ebulição quando Steve começou a discordar publicamente de Sculley, fazendo-o sentir como se sua autoridade estivesse constantemente sendo minada.

Uma questão importante que os fez divergir surgiu à medida que o Macintosh continuava a lutar para ganhar força no mercado consumidor. Sculley tinha concordado com o sentimento que Woz tinha de que a Apple precisava fornecer mais recursos para sua maior fonte de lucro, o Apple II, em vez de focar exclusivamente no Macintosh, mas Steve discordou veementemente. Ele havia apostado tudo no Macintosh durante anos e se recusou a sequer cogitar a ideia de a Apple mudar sua atenção para outro computador. Steve não via mais Scully como o salvador da Apple. Suas crescentes divergências públicas acabaram levando ao golpe fracassado de Steve e à renúncia subsequente. Ele ficou tão frustrado com a situação que prontamente vendeu todas as suas ações da Apple, com exceção de uma única. Isso teria sido um grande negócio para a maioria das pessoas porque, na época de sua saída, ele possuía cerca de 11% da Apple, que valia cerca de 130 milhões de dólares, o equivalente a cerca de 66 bilhões hoje. Mas para Steve não importava, porque, para ele, basear-se em princípios valia muito mais. Passou-se menos de um ano desde o artigo "Dupla dinâmica" da *Business Week*, quando os principais jornais e revistas começaram a contar uma história diferente. A capa da *Fortune* de agosto de 1985 dizia: "A queda de Steve Jobs", e um mês depois a capa da *Newsweek* de setembro de 1985 foi ainda mais longe, dizendo: "Queda de um garoto prodígio: como a Apple Computer abandonou seu presidente". A mídia agora estava retratando a saída de Steve como uma queda significativa.

Enquanto assistia a tudo isso, de fora, olhando para dentro, fiquei desapontado com o fato de a Apple ter essencialmente expulsado um verdadeiro gênio criativo, ainda mais um fundador que construiu a empresa do zero. Na minha opinião, era a Apple que estava cometendo o maior erro, pois tiveram a oportunidade de continuar lucrando com a visão incrível de Steve e optaram por não fazê-lo. Eles agora se encontravam sem nenhum de seus fundadores e logo enfrentariam uma retração de doze anos que levaria a empresa à beira do desastre. Enquanto isso, Steve fundou uma nova empresa de computadores, a NeXT, permitindo-lhe recuperar o controle total sobre as principais decisões e liberando-o para construir, projetar e comercializar seus computadores da maneira que quisesse.

CAPÍTULO 9

SURGE A OPORTUNIDADE

"Sempre me atraí mais pelas mudanças revolucionárias."
STEVE JOBS

DEZ ANOS DEPOIS DE ME JUNTAR AO CONSELHO DA SANTA FE Christian Academy, novamente me encontrava numa encruzilhada na vida e sem saber como seria meu futuro. Agora que meus filhos tinham crescido, percebi que tinha praticamente opções ilimitadas de onde morar e o que fazer. Aposentar-me não era uma opção, porque tinha gastado bastante dinheiro e havia ficado sem salário por dez anos. Também sempre amei trabalhar. Para mim, ficar horas sentado sem fazer nada não é um sonho, mas uma perda de tempo, mais próximo de um pesadelo.

Depois que deixei a Apple, Mike Markkula me pediu para voltar duas vezes. Na primeira, eu encontrei com o VP de Vendas de Educação, que parecia se importar mais com quanto iria ganhar de compensação do que assumir os tipos de riscos ousados que haviam construído a Apple, o que causou um grande desânimo, e eu educadamente rejeitei. A segunda reunião foi com o novo CEO, Gil Amelio, e não demorou muito para eu perceber que não queria trabalhar para ele também. Ele claramente não era uma boa escolha para a Apple e nunca conseguiria entender a cultura única da empresa. Felizmente, todo mundo percebeu rápido e ele só durou um ano e meio. Ironicamente, foi a ignorância cultural de Gil que eventualmente levou Steve a voltar para a Apple, então ao menos uma coisa boa ele fez! Essas duas reuniões ajudaram a confirmar que não era *uma* boa época para eu voltar. A Apple tinha mudado e não era o mesmo lugar que eu conhecia e amava. Mas nunca descartei a ideia de um dia retornar.

Comecei a pensar em possíveis oportunidades para o meu futuro e, finalmente, depois de perceber quanto sentia falta dos desafios empresariais, decidi voltar para o Vale do Silício novamente e focar em investimentos. Um dos meus primeiros investimentos foi com o Mayfield Fund, uma empresa de capital de risco proeminente que se concentrava em investimentos de estágio inicial a estágio de crescimento e havia financiado alguns dos maiores nomes em tecnologia, incluindo 3COM, Amgen, SanDisk e Compaq. Com o tempo, eu me aproximei do time de líderes da Mayfield e acabei me tornando um conselheiro. Em 1997, juntei-me à Mayfield como "Executivo Residente", o que significava que eu era um consultor da casa, que eles emprestavam para suas startups de investimento. Era meu trabalho ajudar essas startups a criarem planos de negócios estratégicos e trazer uma liderança forte que poderia ajudar os fundadores a conquistar suas visões. Normalmente era designado para várias empresas ao mesmo tempo, mas por fim me pediram para que me concentrasse inteiramente em um investimento-chave.

UMA OFERTA IRRECUSÁVEL

A Pangea Systems foi fundada pelos dois empresários mais promissores de Oakland, Califórnia, em 1991 e vendia "soluções de software empresarial" para empresas farmacêuticas, empresas de biotecnologia e pesquisa acadêmica. Seu foco era bioinformática, que naquela época eu nem sabia como soletrar, muito menos entendia o que era. Bioinformática é um campo científico no qual ferramentas e métodos de software utilizam biologia computacional para entender dados biológicos grandes e complexos. Especificamente, no caso da Pangea, os dados estavam relacionados à genômica, e seu modelo de negócios era fornecer um software que os pesquisadores pudessem usar para pesquisar bancos de dados genéticos.

Eu sabia pouco sobre os cofundadores da Pangea, exceto que eram engenheiros, cientistas e recentemente graduados de Stanford. Eram indivíduos incomuns, em algum lugar entre a excentricidade e a genialidade, que acabariam criando uma tecnologia que gerava cheiro! Mas quando os conheci, só queriam transformar a Pangea em uma usina de bioinformática que rivalizaria com seus dois maiores concorrentes, o Incyte Pharmaceuticals e a Celera Genomics. O maior desafio para a Pangea na época era que estava na área de escrever softwares personalizados, e qualquer coisa feita sob medida era quase impossível de medir em escala. Eu expliquei esse problema e ofereci algumas ideias. Depois da reunião, descobri que os cofundadores tinham se interessado pelas minhas ideias e perguntaram se eu gostaria de ser o CEO da empresa. Dei risada, porque eu era o epítome de um estranho que não sabia quase nada sobre seu setor. Mesmo que a oferta fosse séria, eu esperava que os chefes da Mayfield rejeitassem a ideia imediatamente, mas tive uma surpresa.

Naquela tarde de sexta-feira, fui chamado para uma reunião de conselho. Lá estavam os cofundadores e executivos dos maiores investidores da Pangea, que incluíam Mayfield e Kleiner-Perkins, uma das empresas de capital de risco mais bem-sucedidas e respeitadas do mundo. "John, temos uma oportunidade para você", o CEO da Pangea falou enquanto eu me sentava. "Gostaria de ser o CEO da Pangea?" Todo mundo em volta da mesa ficou em silêncio, sorrindo e esperando ansiosamente pela minha resposta. De repente, a ideia cômica não parecia mais tão engraçada assim. Eu nem tive tempo de processar a sugestão, mas eles claramente estavam esperando uma resposta ali na hora.

Para ficar claro, eu estava empolgado com a oportunidade de aprender sobre uma nova área e me tornar CEO de uma startup promissora, especialmente considerando que estava fora do jogo há tanto tempo. Mas fiquei relutante para assumir esse tipo de posição em uma indústria que eu não conhecia. Sem dizer que o escritório da Pangea ficava a mais de 80 quilômetros de distância de onde eu morava, o que significava que teria que ir e voltar em horário de rush numa época em que as estradas da Califórnia pareciam estacionamentos. Ambos fatores eram desvantajosos para mim e eu estava considerando recusar. Mas se dar bem no Vale do Silício depende de relacionamentos e decepcionar as pessoas erradas sempre traz consequências. Seria arriscado dizer não para um grupo de pessoas tão influente e poderoso que já tinha investido um monte na Pangea e estavam basicamente me pedindo um favor. "Claro", disse, forçando um sorriso. "Seria incrível."

Na mesma noite, eu fiquei me martirizando por me comprometer com um empreendimento tão importante sem nem mesmo pedir um ou dois dias para pensar a respeito. Mas era tarde demais, então eu sabia que precisava dar um jeito de fazer dar certo. Fiquei acordado a noite toda pesquisando sobre a indústria da bioinformática, eventualmente caindo no sono na minha mesa quando o sol começou a nascer. Algumas horas depois meu telefone tocou e me acordou. Eram oito de uma manhã de sábado e eu não conseguia manter os olhos abertos de tão cansado. Mas ligações em horários estranhos no fim de semana costumam ser notícias ruins, então atendi rápido. "Alô?", uma voz jubilosa e familiar respondeu. "Oi, John, aqui é Steve Jobs!" Eu fiquei surpreso de falar com ele porque fazia um tempo que não conversávamos. Ele não perdeu tempo e foi direto ao ponto: "Vou voltar para a Apple. Quero que você vá comigo".

Inacreditável!, pensei. Dezesseis horas depois de aceitar a vaga na Pangea, Steve agora estava pedindo para eu me juntar a ele no que sabia que seria o renascimento da Apple que eu amava. Queria falar que sim, mas já tinha o compromisso com os fundadores e investidores da Pangea.

Expliquei a situação para Steve e relutantemente neguei sua oferta. Ele ficou desapontado, mas respeitou meu comprometimento em manter minha palavra e me desejou tudo de bom. "Me liga quando estiver livre", ele disse. "Você sempre será bem-vindo." Ironicamente, na semana seguinte, quando os cofundadores da Pangea souberam que o Steve tinha tentado me recrutar de novo para a Apple, aumentaram minhas opções de ações, com medo de que eu mudasse de ideia.

PANGEA SYSTEMS

Eu me tornei o CEO da Pangea Systems no começo de 1997. Quando comecei, tinha descoberto o tremendo potencial da bioinformática de transformar a indústria de ciências biológicas e estava empolgado para começar. O que me faltava de conhecimento de biologia computacional, eu esperava compensar com a minha experiência de gerência, definindo uma visão clara e inspirando os outros a trabalharem juntos para alcançá-la. Essa era uma das habilidades principais que aprendi com Steve quando estava na Apple. Na verdade, várias habilidades, lições e perspectivas que eu levaria para a Pangea aprendi no tempo que passei na Apple e na Santa Fe Christian.

Uma das mais importantes foi a que aprendi na Apple e mais tarde reforcei na SFC: entender que *todo mundo* é unicamente talentoso e os melhores líderes são capazes de motivar outros ao ajudá-los a reconhecer e aproveitar seus dons individuais. Parece óbvio, mas frequentemente, até hoje, grupos de pessoas são tratados por alguns gerentes, professores e membros do conselho como se fossem todos iguais. Mas todas as pessoas são diferentes, e tratá-las dessa maneira atrapalha a produtividade e o desenvolvimento do potencial. Cada dia que passei na Pangea confirmou para mim, mesmo de uma perspectiva científica, quão diferentes e únicos cada um de nós somos, desde nossa personalidade, talentos e habilidades até o nosso DNA. Na Apple, Steve se orgulhava em reconhecer e desenvolver talentos individuais dos que trabalhavam para ele, e era exatamente isso que eu queria fazer na Pangea.

Outra coisa que levei comigo da Apple para a Pangea foi uma tentativa de replicar a tenacidade de Steve, sua habilidade de focar nas coisas que importavam, seu senso aguçado de marketing e especialmente sua liderança visionária. Eu até tinha criado um modelo de liderança da minha experiência na Apple chamado "Liderança por Visão". Continha um mapa detalhado mostrando para os líderes como articular uma visão de forma apropriada, como esclarecer uma missão e como motivar acionistas a pensar de forma criativa. Tinha usado esse modelo para motivar meu time Lisa na Apple e mais tarde ele desempenhou um papel fundamental na recuperação da Santa Fe Christian. Uma versão resumida do modelo de Liderança por Visão seria assim:

- A visão esclarece a missão;
- Fornece exclusividade em suas direções estratégicas;
- Promove criatividade em suas etapas táticas;
- Gera companheiros em vez de concorrentes;
- Deixa as pessoas pensarem de forma diferente.

Esse era o modelo no qual me apoiei para colocar a Pangea no caminho do futuro. Durante esse processo, queríamos um nome que refletisse melhor nossa visão e finalmente decidimos renomear a companhia para DoubleTwist, uma brincadeira com a estrutura de dupla hélice do DNA. Também desenvolvemos uma plataforma completamente única de bioinformática, capaz de ajudar cientistas e alunos em suas análises de sequenciamento do genoma humano. Quer estivessem na pesquisa acadêmica ou na comunidade de biotecnologia, queríamos capacitar qualquer pessoa que fizesse pesquisa molecular da mesma forma que a Apple capacitou uma nova geração de usuários de computador. Mudar o mundo pode ser emocionante, mas nunca é fácil.

Um dos desafios mais urgentes no início de minha nova função de liderança foi tentar descobrir como conseguir acesso a um supercomputador sem ter os recursos. Nós precisávamos de um supercomputador para processar de maneira eficaz e eficiente os dados do genoma humano, mas, como startup inexperiente, não tínhamos fundos para comprar nem mesmo alugar um. Tentei pensar em formas de superar esse desafio e então me lembrei de uma experiência que tive com produção piloto na Apple.

Lembrei-me de como costumávamos "queimar" nossos computadores executando software neles por 30 dias, e como nossos engenheiros de hardware também os usavam para testar a confiabilidade dos componentes de hardware. Eu me perguntei se poderia agora entrar em contato com uma empresa de hardware que exige um software poderoso para testar suas máquinas e perguntar se considerariam usar nosso software de genoma durante o teste. Imaginei que seria válido tentar. Também seria um ótimo exemplo de um dos meus Cartazes de Inovação da Apple: "Jogue criatividade no projeto, não o talão de cheques".

Ken Okin era um antigo amigo e tinha sido um dos meus antigos engenheiros de hardware na Apple. Tinha ouvido que ele agora trabalhava na Sun Computers, uma empresa grande de tecnologia que testava computadores potentes diariamente. Liguei para Ken, expliquei minha ideia e perguntei se ele consideraria usar nosso algoritmo de software para testar seus computadores. Ele disse que tinham aproximadamente 100 supercomputadores Sun, que ele gostava da ideia de ser parte de algo tão inovador e concordou em testar seus computadores Sun usando nosso software. Fiquei empolgado. Ele nos deu uma oportunidade tão única e foi um ótimo exemplo para o meu time de como poderiam usar a criatividade para solucionar problemas e também da importância de construir, fomentar e usar relacionamentos.

Ter acesso a supercomputadores nos permitiu competir com concorrentes maiores, o que foi um choque para eles, visto que essa startup desconhecida aparentemente tinha chegado do nada. Todos haviam investido milhões de dólares para fazer seu próprio sequenciamento de dados privados e estavam vendendo dados para empresas farmacêuticas. Mas agora, ali estava essa nova empresa, gerando seu próprio banco com dados *públicos*, permitindo-lhes contornar o custo do sequenciamento privado. Eu fiquei imaginando os CEOS nas mesas de reuniões, gritando com seus executivos: "Quem são esses caras?".

DOUBLETWIST

Muito do trabalho na DoubleTwist envolvia colaborações com outros cientistas no Human Genome Project (HGP), um projeto de pesquisa científica internacional financiado pelo governo dos Estados Unidos por meio do National Institute of Health. Lançado em 1990, o objetivo desse projeto era determinar os pares de base do DNA humano e identificar e mapear todos os genes do genoma humano. Era algo bem complexo. De alguma maneira, agora eu me encontrava no mesmo mundo científico que o fundador da Celera, o lendário bioquímico e geneticista Craig Venter, bem como titãs da indústria como Randell Scott, da Incyte, e Hamilton Smith, um estimado microbiólogo e ganhador do Prêmio Nobel.

A DoubleTwist foi construída, primeiramente, buscando simplicidade. Assim como eu tinha feito com o Lisa na Apple, adicionei uma interface gráfica do usuário para a plataforma DoubleTwist que a tornou rápida, fácil e disponível para praticamente qualquer pesquisador ou cientista. Qualquer pessoa podia pegar seu perfil genético e usar nossos agentes de busca de forma livre para vasculhar bibliotecas de genes e determinar suas disposições para doenças que poderiam ser potencialmente tratadas por meio de terapia genética. Possibilitamos isso ao adicionar dados de várias fontes e então os disponibilizando através de "agentes" de software que agiam como pequenas ferramentas de busca. Um computador, então, pegaria uma consulta complexa de um usuário e faria nossos agentes de software pesquisarem na internet padrões de genes específicos, comparando-os com sequências conhecidas e desconhecidas. Os agentes então mandavam as descobertas direto para o usuário.

Desde o momento em que comecei a entender o perfil genético, senti fortemente que o trabalho que estávamos fazendo era importante e fascinante. Mas antes de ter começado na DoubleTwist eu não tinha ideia do que era essa tecnologia e o nosso papel nisso tudo. Mesmo quando comecei a ter uma ideia melhor, sabia que eventualmente precisaríamos encontrar uma maneira de explicar isso para repórteres, investidores em potencial e qualquer pessoa que não fosse biólogo computacional. Era uma ciência completa, então se eu quisesse que se tornasse algo comum, precisava ser capaz de simplificar o que fazíamos e comunicar o motivo de ser tão importante.

Eu comecei o processo de simplificação pedindo para pessoas pensarem em nós como o "Yahoo da pesquisa científica". O Yahoo era um mecanismo de pesquisa *generalizado* popular (pré-Google) que permitia pesquisar notícias na web, então expliquei que éramos um mecanismo de pesquisa *especializado* que permitia aos cientistas pesquisar patentes, publicações e sequências genéticas. Mas enquanto o Yahoo permitia que os usuários pesquisassem manualmente as coisas, nossos agentes de pesquisa faziam toda a pesquisa, o que era uma novidade na época. A analogia com o Yahoo pareceu funcionar, e assim que as pessoas entenderam o que estávamos fazendo, começamos a atrair a atenção de investidores e da mídia. A cobertura mais proeminente que recebemos na época veio de um artigo do *The New York Times* publicado em 20 de setembro de 1999 com a manchete "Navegando no Genoma Humano. As bases de dados do código genético estão migrando para a web". O artigo contribuiu muito para nos apresentar ao mundo.

PENSANDO DIFERENTE(MENTE)

Mike Markkula, membro do conselho da Apple, sempre nos falava que a Apple não era uma empresa de computadores pessoais, mas que era uma empresa de *estilo de vida*. Ele estava certo, porque computadores (assim como qualquer produto ou serviço) não se vendem sozinhos. Eram os esforços de marketing da Apple que traziam nossos computadores à vida ao posicionar a marca de uma maneira específica que atrairia pessoas criativas e ambiciosas. Houve uma campanha em particular que melhorou significativamente a visibilidade da marca por mostrar claramente quem era a empresa, o que defendia e quem estava visando atingir. Depois de voltar para a Apple, Steve orquestrou uma das campanhas de marketing mais memoráveis e impactantes da história. A campanha "Pense Diferente" da Apple inspirou milhões de pessoas, incluindo eu. Consistia principalmente em pôsteres e comerciais de TV que apresentavam uma série de gênios criativos. O ator Richard Dreyfuss narrou o anúncio de TV, que acabou ganhando um prêmio Emmy de Melhor Comercial, bem como o Prêmio Grand Effie pela campanha publicitária mais eficaz da América. A propaganda era simples e ia direto ao ponto:

"Isto é para os loucos, os desajustados, os rebeldes, os encrenqueiros, os pinos redondos nos buracos quadrados [...] aqueles que veem as coisas de forma diferente – eles não gostam de regras [...] Você pode citá-los, discordar deles, glorificá-los ou vilipendiá-los, mas a única coisa que não pode fazer é ignorá-los, porque eles mudam as coisas [...] eles empurram a raça humana para a frente, e enquanto alguns podem vê-los como loucos, nós vemos gênios, porque aqueles que são loucos o suficiente para pensar que podem mudar o mundo, são eles que o fazem."

A mensagem da campanha "Pense Diferente" me inspirou para criar uma cultura da DoubleTwist que encorajava todo mundo a "pensar no futuro", em vez de focar só no presente. Um dos melhores exemplos veio durante meus primeiros anos como CEO quando viajei até a conferência mais conhecida e respeitada da indústria genômica, apresentada pelo The Institute for Genomic Research (TIGR). Por estar acostumado com os eventos ao estilo da Apple, grandes e extravagantes, fui para a convenção imaginando uma sala de reuniões enorme, cheia de exibições de tirar o fôlego e cientistas geniais indo de cabine em cabine. Eu estava errado.

Percebi que minhas expectativas estavam erradas no momento que estacionei no hotel, o qual não era tão grande considerando que era o recinto de um evento tão importante. Me perguntei se estava no lugar certo e, ao entrar, confirmei com um funcionário do hotel. Depois de garantir que sim, ele me levou até um pequeno elevador e, para o meu choque, apertou o botão de descer. A única coisa embaixo do térreo era o porão, e era exatamente onde me levaram.

Eu não sou um esnobe que precisa estar em hotéis chiques, mas *esperava* que o evento fosse em um hotel de luxo por ser um evento tão grande para a comunidade científica. Da minha perspectiva, era equivalente à Apple anunciar um evento de um produto novo e então fazê-lo em um trailer! Quando saímos do elevador, fiquei mais uma vez surpreso ao encontrar uma multidão relativamente pequena de cientistas de aparência bastante normal diante de cartazes semelhantes aos encontrados em feiras de ciências do ensino médio. Soube na hora que se quiséssemos que os genomas e, principalmente, a DoubleTwist fossem levados a sério por investidores e pelo público, precisávamos de muito mais. *O que precisamos*, pensei comigo, *é um pouco do bom e antigo talento de marketing da Apple!*

TALENTO DE MARKETING

Startups geralmente não têm muito orçamento para marketing, mas eu precisava encontrar uma forma de pelo menos começar. Na minha segunda viagem para a conferência TIGR, levei caixas cheias de quinquilharias para entregar. Qualquer um que viesse na nossa tenda ganharia bolinhas que acendem quando quicam. Não era muito, mas era melhor do que nada. No ano seguinte, contratei um sósia do Austin Powers que andava pelo evento proferindo frases com seu melhor sotaque britânico: "Ei, baby... já viu a DoubleTwist?". No ano seguinte, entreguei bonecos de 25 centímetros vestidos de cientistas, com jaleco, e até contratei atores de 1,80 metro de altura de cabelos pretos, usando jalecos, que andavam por lá representando nossos agentes de software. De manhã, havia dois deles, mas depois começaram a dobrar a cada duas horas, para quatro, depois oito etc. Os caras da genética se divertiram muito com isso.

Uma coisa bem legal que significativamente aumentou nossa publicidade na conferência TIGR 2000 aconteceu no primeiro dia. Eu queria conseguir mais cobertura da mídia convencional e fui inspirado pelo artigo do *The New York Times* que havia sido escrito sobre nós um ano antes. Dessa vez, fui mais longe e contatei Andy Pollack, o repórter do *The New York Times* que tinha me entrevistado no Hotel Carlyle durante a apresentação do Lisa. Dessa vez, expliquei, em termos leigos, sobre o mundo potencial da pesquisa genômica e, mais especificamente, da bioinformática. Descrevi as coisas inovadoras que estávamos fazendo na DoubleTwist e me referi ao artigo anterior do *Times* para aumentar nossa credibilidade. Meu argumento de venda deve ter funcionado, porque Andy acabou fazendo uma entrevista detalhada comigo que levou a um segundo artigo do *The New York Times*, publicado em 9 de maio de 2000, com o título "105 mil genes identificados em dados públicos". Mas o que realmente fez o artigo funcionar foi a maneira como o aproveitei na conferência TIGR no dia em que foi publicado.

Tive sorte de que o artigo foi publicado na primeira página do jornal no primeiro dia da conferência TIGR. Quando fiquei sabendo, comprei centenas de cópias do jornal e estrategicamente coloquei espalhado pelo andar da conferência TIGR. Isso significava que, assim que os participantes da conferência entrassem, podiam pegar uma cópia gratuita do *Times* e ver nosso artigo na primeira página.

Embora alguns possam ver todas essas estratégias de marketing como truques simples, claramente funcionaram porque, uma vez que este segundo artigo do *Times* alcançou 1,2 milhão de assinantes do jornal, todos na indústria e fora dela começaram a falar sobre a DoubleTwist. Nós recebemos bastante atenção da mídia de várias fontes, aumentando nossa lista de clientes, que incluiu grandes nomes como Merck, Roche e Hitachi, e acabamos arrecadando mais de 75 milhões de dólares. As coisas pareciam estar indo melhor do que nunca. Depois de muito trabalho, me vi prestes a experienciar minha segunda IPO. Então veio a tempestade perfeita.

A TEMPESTADE PERFEITA

Em retrospectiva, percebo como tive a sorte de ter ingressado na Apple no momento perfeito, exatamente quando a revolução do computador pessoal estava começando e todos estavam ansiosos para fazer parte dela. Dessa vez, não tive tanta sorte. Depois da publicação do artigo em maio de 2000 no *Times* e a conferência TIGR na hora certa, a genômica estava ganhando força publicamente e nos quatro meses seguintes a DoubleTwist se tornaria um sucesso. Depois, em 11 de setembro de 2001, o World Trade Center em Nova Iorque foi atacado por terroristas. O evento trágico não só tirou a cabeça da população de outras coisas, incluindo genômica, mas também fechou os mercados financeiros e qualquer esperança que a maioria das empresas tinha de se tornar conhecida. Havia outras coisas em jogo que prediziam que estávamos enfrentando um sério desafio de *timing*.

O problema começou de verdade antes do meu primeiro ano acabar. No outono de 1997, a crise financeira asiática quebrou o mercado de ações global, tendo um papel importante no começo da recessão nos Estados Unidos. Alguns anos depois a "Bolha da Internet" estourou, fazendo milhares de startups on-line recuarem quando perceberam que o valor dos modelos de negócios estavam baixos.

Embora esse medo de investidor estivesse relacionado a negócios on-line, acabou levando a uma desconfiança geral de *todas* as startups baseadas em tecnologia, que afundaram de valor da noite para o dia e muitas acabaram saindo do mercado. E caso essa tempestade externa perfeita não fosse ruim o suficiente para a DoubleTwist, eu pessoalmente estava passando por um dos momentos mais difíceis da minha vida. Durante o mesmo período, a minha esposa tinha pedido o divórcio, o que pesou muito para mim mental, emocional e fisicamente. A tempestade perfeita varreu todos os meus quatro anos na DoubleTwist. Embora devesse estar mais ciente desses primeiros avisos antes de aceitar o emprego, nunca poderia ter previsto uma tempestade tão grande. A DoubleTwist foi atingida diretamente e acabou sendo vendida para a Hitachi por um valor menor. No início de 2002, pedi demissão do cargo de CEO.

Acredito que o trabalho que fizemos na DoubleTwist durante o meu comando valeu a pena e teve um impacto positivo nos indivíduos e no futuro da indústria de ciências biológicas. Nossos algoritmos inovadores e uso de tecnologia acabaram se tornando um precursor do que as empresas de bioinformática e de genética convencional, como 23andMe e Ancestry.com, estão fazendo hoje. Também ajudou a pavimentar o caminho para tecnologias altamente sofisticadas como CRISPR – agrupamentos de repetições palindrômicas curtas regularmente intercaladas –, agora sendo usados para corrigir defeitos genéticos e para tratar e prevenir a propagação de doenças.

Depois de sair da DoubleTwist me encontrei novamente no que estava começando a se tornar uma situação familiar: o estado de não saber o próximo ponto da minha vida. Em março de 2002, lembrei-me da minha conversa com Steve, na qual ele me pedira para ligar quando estivesse livre. Nesse ponto, ele já tinha começado a mudar as coisas na Apple e preparado o terreno para o que se tornaria o maior segundo ato na história dos negócios modernos. Desse modo, liguei para ele, que ficou empolgado por eu finalmente estar livre das minhas responsabilidades com a DoubleTwist. Conversamos um pouco e então ele disse algo que era música para os meus ouvidos: "Pronto para voltar para casa?". Embora eu tenha recusado todas as outras oportunidades de voltar para a Apple, com Steve de volta ao comando, sabia que a cultura corporativa tradicional em que a empresa havia entrado já havia acabado. A marinha havia sido destruída e os piratas estavam de volta ao comando. Eu estive do lado de fora, olhando para dentro, por tempo suficiente.

"Estou pronto", respondi. E ele continuou: "Ótimo! Preciso mudar algumas coisas antes de dizer qual papel tenho para você. Mas estou feliz em ter você de volta". A tempestade perfeita agora estava no passado e eu estava indo para casa, a tempo do futuro.

CAPÍTULO 10

DE VOLTA PARA O FUTURO

"Estamos inventando o futuro."
STEVE JOBS

Depois do telefonema com Steve, ele me pediu para ir até lá e conhecer o resto do time. Quando cheguei na sede da Apple, estava empolgado, mas também um pouco nervoso por vários motivos. Primeiro, fazia dezessete anos desde que eu tinha saído, e agora estava entrando em uma Apple irreconhecível. Quase todos com quem trabalhei no passado tinham ido embora e eu era bem mais velho do que os funcionários atuais. As pessoas mais jovens da Apple iriam respeitar minha experiência anterior ou me veriam como alguém por fora das tecnologias modernas? Mas o maior motivo da minha ansiedade era que Steve não tinha me falado qual papel e desafios eu teria dessa vez. Na última, eu deveria "construir um computador pessoal revolucionário". Mas dessa vez eu não tinha ideia do que ele queria que eu fizesse. Essa foi a primeira vez que aceitei um trabalho sem saber qual era esse trabalho!

Depois de vinte minutos, Steve veio me cumprimentar com um sorriso e de braços abertos. "Bem-vindo à sua casa, John", disse, instantaneamente me acalmando. "Estou feliz por estar em casa", afirmei. "Vamos mudar o mundo – *de novo* – e preciso estar rodeado por pessoas em que confio", ele falou enquanto começava a andar pelo corredor. "Não quero vários homens que só obedecem, quero pessoas talentosas como você, dispostas a me enfrentar e dizer quando estou errado", ele disse. Steve já tinha me falado coisas parecidas antes, mas significava muito ouvi-lo dizer aquilo novamente mesmo depois de tantos anos. Continuamos nossa caminhada pelos corredores – maiores do que nosso escritório inteiro em 1978. As coisas realmente tinham mudado muito, mas era reconfortante ver que Steve ainda era Steve. "Vem, deixa eu te apresentar o time", ele falou.

Acabei fazendo várias entrevistas durante o dia, nas quais conheci o VP de Marketing de Produto, Phil Schiller, o Diretor Financeiro, Fred Anderson, o Diretor de Operações, Tim Cook, e alguns outros executivos de alto nível. Todo mundo era educado, capaz e claramente tinham a mesma visão para a Apple. Não havia pressão durante as entrevistas porque Steve já estava convencido de que me queria de volta, o que as transformou em encontros mais casuais do que em testes.

No fim do dia, encontrei Steve em seu escritório e garanti que as reuniões foram bem. "Mas é difícil quando não sei qual trabalho você está me oferecendo", falei. Com um olhar profundamente pensativo, ele se recostou na cadeira e disse: "Como ex-executivo da Apple, você é conhecido e definitivamente quero você aqui em alguma função, mas ainda não decidi se quero que trabalhe com aplicativos ou educação". Eu fiquei aliviado e relaxei imediatamente, agora que sabia mais ou menos o que esperar. "Tomarei minha decisão assim que resolver algumas pontas soltas", ele avisou. Como gerente experiente e engenheiro de software, eu sabia que poderia gerenciar o grupo de aplicativos com bastante facilidade e, depois de passar uma década no Santa Fe Christian, sentiria-me igualmente confortável supervisionando a educação. Honestamente, eu estava empolgado em voltar, independentemente do cargo. No dia 3 de abril de 2002, com 55 anos, eu estava novamente no mesmo time de Steve Jobs na Apple.

DIVISÃO DE EDUCAÇÃO

No meu primeiro dia oficial de trabalho me deram duas coisas: meu ID Apple, que incluía meu antigo número de funcionário, e um escritório perto do Phil Schiller. Também tive a oportunidade de ter alguns meses para experienciar a nova cultura da Apple, aprender seus pontos fortes e fracos e entender melhor para onde estávamos indo. Depois de ter um panorama geral do terreno, comecei a examinar mais de perto as duas áreas que Steve estava considerando deixar para mim.

Comecei focando no grupo de programas. Percebi algumas coisas que podiam ser melhoradas, mas a maior parte das coisas estava bem. *Se esse é o trabalho que Steve quer que eu faça, vai ser fácil*, pensei. *Algumas mudanças aqui e ali e essa divisão irá funcionar praticamente sozinha.* Eu realmente não via como um desafio, a não ser que Steve decidisse seguir uma direção completamente diferente. Então olhei para a divisão de educação da Apple e concluí que estava uma bagunça. *Quem tiver que arrumar isso vai ter um trabalhão, vai sofrer!*

A primeira coisa que aprendi foi que o negócio de educação da Apple tinha sofrido por oito anos com a receita em declínio. Sabendo quão experiente a equipe de vendas e marketing da empresa se tornou ao longo dos anos, perguntei-me como isso poderia ter acontecido. Então percebi que não era muito um negócio da área de educação, mas sim uma consequência. Para começar, a "divisão" inteira não era uma divisão, mas dois grupos separados. Em vez de ter um único vp de Educação que supervisionasse as vendas e o marketing, havia um vp de Vendas de Educação *e* um de Marketing. As seções era separadas geograficamente e lideradas por vice-presidentes com estilos de gestão diferentes, agendas diferentes e visões diferentes, nenhuma das quais alinhada com a visão geral de Steve. Cada vice-presidente também não tinha ideia do que o outro estava fazendo, porque não se importavam um com o outro e raramente conversavam. Para piorar, reportavam para dois chefes diferentes, com o marketing reportando para Phil Schiller, e a divisão de vendas para Tim Cook. Não era uma surpresa que a Apple estava com dificuldades na área da educação!

No verão, estava claro que, baseado em questões de liderança, dar um jeito no departamento de Educação seria muito mais difícil do que gerenciar o departamento de Programas. Durante a primeira semana de junho, Steve me chamou em seu escritório e, antes de eu me sentar, ele se levantou, sorrindo. "John, eu decidi: quero que você lidere o setor de Educação da Apple." De alguma maneira, eu sabia que ele ia falar isso. "Honestamente, não sei se o problema é de marketing ou de venda", ele confessou. Eu ri, dizendo: "Ah, definitivamente, ambos!". Ele colocou a mão no meu ombro e disse: "Dê um jeito ou terei que sair da área da educação". Com isso, agora eu tinha me tornado o primeiro VP de Educação da Apple. No dia seguinte, Steve mandou o seguinte e-mail para toda a empresa:

> **De:** *Steve Jobs <sjobs@apple.com>*
> **Assunto:** *Nova Unidade de Educação*
> **Data:** *6 de junho, 2002 às 11:43:08*
> **Para:** *apple_employees$@group.apple.com*
> **Responder para:** *response@apple.com*
>
> *Por mais de 25 anos, a Apple liderou o caminho na aplicação de tecnologia à educação. O mercado de educação faz parte do nosso DNA. Como a maioria dos mercados, o de educação tornou-se muito competitivo. Enquanto continuamos a inovar com novos produtos, como o eMac, Xserve, Mac OS X e Remote Desktop, também reconhecemos a necessidade de sermos mais coesos e ágeis com nossas vendas e esforços de marketing educacionais. Para melhor servir os alunos, professores, administradores e pais que são nossos clientes, estamos combinando nossas equipes de vendas e marketing de educação para criar uma única unidade de negócios de educação forte, com mais de 750 pessoas.*
>
> *Tenho o prazer de anunciar que John Couch, um ex-VP / GM da Apple, está retornando à Apple para chefiar esta unidade como nosso novo Vice-presidente de Educação. Tanto*

a equipe de vendas de educação, liderada por Jim Marshall, quanto a equipe de marketing de educação reportarão a John. John se reportará a Tim Cook. Como o primeiro executivo responsável por software da Apple, ex-diretor de escola particular e, mais recentemente, CEO de uma empresa de ciências biológicas, John traz muitos anos de experiência em educação e gestão para esta nova função. Junte-se a mim para dar as boas-vindas a John de volta à Apple.

— Steve

Meu desafio principal como novo chefe de educação da Apple não era só melhorar as vendas, mas fazer o negócio crescer significativamente e recuperar nosso domínio no mercado. Quando eu saí, a participação da Apple no mercado de educação estava na faixa de 80% e agora tinha caído para um dígito. Infelizmente, quando uma posição completamente nova é criada, não temos um guia. Você é forçado a criar as regras enquanto trabalha, sem saber o que funciona ou não – só vai saber depois que tentar. Essa certamente não seria uma tarefa fácil, mas, repito, nada era fácil na Apple. Durante a minha primeira semana na nova posição, um dos meus colegas, Greg Josyiak, que supervisionava o programa iPod, deu-me um tapinha no ombro e declarou: "Agora você tem o cargo mais difícil da empresa, boa sorte".

AMIGOS DO JIM

Uma das áreas mais críticas com que eu precisava lidar quanto antes era descobrir o que fazer com as vendas. Um pouco depois de ter começado a olhar para os desafios de vendas do setor de educação, Steve me falou: "Acho que você vai acabar mandando embora o seu VP de Vendas dentro de um ano". Eu duvidei que seria necessário, porque o meu modelo de Visão de Liderança era capaz de motivar as pessoas a compartilhar uma visão comigo. Eu só tinha mandado embora duas pessoas durante os meus anos anteriores na Apple e nenhuma na DoubleTwist, então estava confiante de que poderia trabalhar com Jim, nosso chefe de vendas. Ouvi dizer que ele também tinha um bom relacionamento com o nosso COO, Tim Cook, para quem reportava diretamente, o que me incentivou mais ainda a fazer dar certo.

Jim foi o Vice-presidente de Vendas de Educação da Apple por vários anos, mas, por alguma razão, escolheu basear sua equipe em Atlanta, Geórgia, em vez de em Cupertino, como todos os outros vice-presidentes. Quando comecei, ele já havia formado uma equipe considerável de pessoas que os Cupertinos chamavam de "ADJ", abreviatura de "Amigos do Jim". Presumi que as pessoas na Apple estavam exagerando quando o descreveram para mim de uma forma que o fez soar mais como um general do que vice-presidente. Mas isso foi antes de conhecer o cara.

Eu fui até Atlanta para conhecer Jim e seus "amigos" e tentar entender por que precisávamos ter um escritório ali. Na minha chegada, já captei o que os outros queriam dizer com as descrições de Jim, pois era uma figura bem intimidadora: um homem grande, que parecia e agia como um ator que poderia fazer o papel de um general sem noção em um filme de guerra. Ele era bem confiante, ou até convencido, conhecido por administrar o barco com rigidez, e seus funcionários (também conhecidos como "amigos") eram leais e dedicados.

Na minha primeira visita, presenciei Jim andar bravo pelo escritório, como um general, espiando por cima do ombro de seu exército de ADJ, latindo ordens e microgerenciando cada detalhe. Mas a raiz do problema de vendas não era tanto seu estilo de gerência, mas a cultura que ele tinha criado, inconsistente com a que Steve passou anos alimentando. Senti como se estivesse nos corredores da IBM, não da Apple. Quase todos os soldados de Jim pareciam corporativos, saídos da área de TI, e ele estava obviamente construindo uma organização de vendas baseada em serviços de TI, em vez de focar em como os produtos existentes da Apple poderiam melhorar o aprendizado. Sua filosofia de vendas girava em torno do foco em recursos (aspectos técnicos dos produtos) em vez em benefícios (*por que* o que estamos vendendo é importante). É o clássico contraste de vendas entre *o quê* e *o porquê*, no qual focar mais no *porquê* tem se mostrado repetidamente a melhor opção.

Quanto mais eu conversava com os membros dos ADJ, mais eu percebia que o foco deles era vender serviços para departamentos de TI em vez de vender produtos para melhorar o aprendizado. Embora a maioria entendesse de vendas, sabiam pouco sobre educação, o que eu também considerava um problema. Felizmente, havia uma exceção. Jim delegou a função de operação de vendas a um homem chamado Mike Thornberry, funcionário experiente da Apple com boas ideias que, infelizmente, Jim tendia a ignorar. Como o resto dos soldados de Jim, esperava-se que Mike simplesmente seguisse ordens, não oferecesse ideias. Isso me lembrou de uma citação do comandante John Urgayle no filme de guerra, *G.I. Jane*, "Quando eu quiser sua opinião, vou dar a você".

Tinha ficado claro para mim, no começo da minha visita, que o principal motivo do problema de vendas do departamento de Educação da Apple era causado pela cultura do escritório que Jim tinha criado e controlava. Ficar em Atlanta em vez de em Cupertino intensificava o problema, porque fazia com que os novos funcionários de vendas não soubessem qual era a cultura da Apple ou simplesmente pudessem ignorá-la completamente. Mas ter uma cultura desalinhada não era o *único* problema.

Acontece que Jim estava vendendo aplicativos que sua equipe desenvolveu localmente. Mas Steve deixou claro que todo software da Apple deveria ser desenvolvido, testado e aprovado pela equipe oficial de engenharia de software da Apple. Ele proibiu o desenvolvimento de software em campo, principalmente para garantir que os computadores Apple estivessem livres de bugs, vírus e problemas de compatibilidade. Ele sabia que um único erro de software poderia prejudicar a marca cuidadosamente elaborada da Apple. Jim não parecia muito preocupado. Apesar da diretiva de Steve, os ADJ seguiram as ordens e simplesmente desenvolveram os aplicativos educacionais que Jim queria, sem fazer perguntas. Os ADJ estavam tão confiantes em seus esforços que até me mostraram um dos pacotes de software que desenvolveram e que prometiam aos clientes em apresentações de vendas. Eu vi e ouvi tantas violações das diretrizes da Apple que ficou claro por que Jim tinha montado o escritório em Atlanta, a 4 mil quilômetros de Steve e de Cupertino: "O que os olhos não veem, o coração não sente".

HORA DA MUDANÇA

Eu sabia que o desenvolvimento de software seria muito mais fácil de consertar do que trocar a cultura do escritório, então decidi focar primeiro nisso. Sentei com Jim em seu escritório e expliquei a situação enquanto oferecia sugestões de maneiras que ele podia conseguir melhores resultados de vendas dentro das metas de educação da Apple. Mas em vez de valorizar o conselho e tentar trabalhar comigo, ele só me encarou como se eu estivesse tomando seu tempo. Quando eu parava de falar para receber uma resposta, ele só acenava com a cabeça e dizia coisas como "hmm, certo", "entendi", "claro, claro". O tipo de resposta que alguém dá para um vendedor chato enquanto torce para ele ficar quieto e ir embora. Jim não estava acostumado com *ninguém* falando o que ele deveria fazer, muito menos alguém que acabou de ser apontado como vice-presidente e que ele via mais como a nova criança da quadra tentando mandar em tudo.

No meu voo de volta para a Califórnia, não conseguia parar de pensar na situação de Atlanta. Sabia que Jim seria difícil de convencer, mas se eu não conseguisse nem fazê-lo parar de desenvolver e vender seu próprio software e serviços, minha chance de fazer com que mudasse toda a cultura de seu escritório era quase nula. Eu estava começando a achar que a previsão de Steve de que eu acabaria mandando Jim embora em um ano se concretizaria. Meu modelo de Liderança por Visão podia conquistar várias coisas, mas nem isso seria capaz de convencer um vp teimoso de repensar e reconstruir toda a sua cultura, especialmente um que se sentia imune por conta da sua relação com nosso coo.

Dias depois de voltar para Cupertino, Tim Cook me pediu para preparar uma apresentação de educação para uma próxima revisão de negócios. Ainda novo no cargo, eu não tinha todos os dados de venda de que precisava para fazer uma apresentação completa, então iria precisar de Jim. Eu tinha ouvido que ele era um grande apresentador, muito elogiado em outras reuniões por fazer ótimas palestras, que incluíam coisas doidas como explodir os computadores da concorrência. Eu esperava que isso pudesse abrir as portas para termos um relacionamento melhor, facilitando colocá-lo a par da visão de Steve para a Apple. Liguei e pedi para Jim vir até a Califórnia fazer a apresentação comigo e para ele me mandar os últimos números de vendas e previsões. Ele concordou, e eu estava sentindo que as coisas estavam melhorando.

Mas, na semana seguinte, faltando menos de 24 horas para a minha reunião com Tim, Jim ainda não tinha entrado em contato comigo. Ele não atendia o telefone, nem tinha mandado nenhuma informação de vendas, metas, previsões ou qualquer informação relevante. Não surpreendentemente, sua equipe de ADJ afirmou não saber de nada e todos apenas falaram para eu contatar Jim. Acabei acampando em uma sala de reuniões a noite inteira, cobrindo as paredes com slides do meu plano de estratégia, mas ainda faltavam muitas informações importantes sobre vendas. Sem saber se Jim tinha chegado de Atlanta (ou se viria mesmo), decidi ligar para Mike Thornberry e pedi ajuda. Ele não sabia que havia uma apresentação de negócios agendada, porque Jim nunca mencionou. Mike não tinha nenhuma das informações que Jim tinha dito que enviaria, mas concordou em me ajudar. Mike juntou-se a mim no dia seguinte e passamos a maior parte do dia, até meia-noite, tentando preencher as lacunas e preparar a melhor apresentação possível, caso Jim resolvesse não aparecer.

A reunião com Tim começou cedo na manhã seguinte. Enquanto os participantes tomavam seus lugares, Jim entrou casualmente, como se não se importasse com nada. Apesar de ser o VP de "Vendas" da Apple Educação, ele não se preocupou em trazer números ou previsões, então, durante a reunião, apenas se recostou na cadeira e assistiu em silêncio. Quando chegou nossa vez de apresentar, Mike e eu demos o nosso melhor com as informações limitadas que tínhamos e tendo dormido tão pouco. A reunião correu bem, mas certamente não correspondeu aos padrões que estabeleci para mim mesmo, especialmente considerando que foi minha primeira apresentação direta para Tim. Mas eu estava farto de Jim e mais uma vez percebi que Steve estava certo.

"Preciso fazer uma mudança", falei para Tim no dia seguinte.

Embora soubesse que Tim tinha contratado Jim e o apoiado ao longo dos anos, eu também sabia que não havia como obter sucesso com ele tendo seu próprio grupo de serviço e desenvolvimento de produtos, o que equivalia à sua própria divisão de vendas em Atlanta.

"Tem certeza?", Tim perguntou. "Porque Jim é reconhecido e quase foi aplaudido de pé na última reunião 'Top 100'."

"Absoluta!", insisti.

Tim considerou por um momento e então me pediu para pensar. À noite, tentei refletir, mas ainda estava com raiva do jeito que Jim tinha sido tão despreocupado com suas ações e mal conseguia dormir. No dia seguinte, voltei ao escritório de Tim e confirmei minha posição. Ele ficou sentado em silêncio por um momento, contemplando, então disse: "Tudo bem".

Já que Jim ainda estava na cidade, chamei-o no meu escritório e dei a notícia, dizendo os motivos específicos para mandá-lo embora. Quando terminei de explicar, ele ficou em silêncio, encarando durante o que parecia uma eternidade, enquanto eu esperava uma resposta. Finalmente, Jim disse: "Não". Eu não sabia como responder. Assumi que ele estava se recusando a aceitar minha decisão e talvez até desafiando minha autoridade.

"Sinto muito", falei.

Ele estava fumegando.

"Você vai sentir. Veremos o que Tim tem a dizer", falou enquanto saia irritado do meu escritório.

Para ser claro, Jim teve bastante influência na Apple, mesmo em Cupertino. Dada a óbvia falta de entusiasmo de Tim em deixá-lo ir e os laços estreitos que os dois tiveram ao longo dos anos, não tinha certeza do que aconteceria a seguir. Jim era certamente muito mais próximo de Tim do que eu na época e até o ajudou a aprender sobre vendas quando era somente um especialista em operações. Além disso,

STEVE JOBS E EU: MINHA CARREIRA NA APPLE

toda vez que Jim precisava de mais dinheiro para uma nova ideia, Tim raramente recusava. Era devido a esse relacionamento próximo que Jim agora estava jogando a "carta do Tim". Surpreendentemente, nem Steve, nem qualquer outro vice-presidente que eu conhecesse, se levantou para apoiar minha decisão, mas, para seu crédito, Tim o fez e reafirmou que Jim estava fora. E embora eu também me preocupasse que a demissão de Jim incomodasse alguns de meus colegas, isso logo se tornou discutível, porque, depois que Jim saiu, vários vice-presidentes me disseram, em particular, que eu havia tomado a decisão certa.

Depois da saída de Jim, assumi que a VP de Marketing da Educação, que sempre foi o oposto de Jim, gostaria das notícias, já que agora ela poderia trabalhar junto com quem entrasse no lugar dele. Mas, quando contei, ela tinha uma novidade para mim também. Em março de 2001, tinha anunciado, com a aprovação de Steve, que a Apple iria comprar a PowerSchool, Inc., o fornecedor líder de sistemas de informação de alunos baseado na web para escolas e distritos. Mas, quando a compra foi finalizada, vários problemas de escalabilidade surgiram em grandes instalações. Steve percebeu que precisávamos de alguém competente para consertar a situação e decidiu que deveria ser ela. "Você me convenceu a comprar a PowerSchool", ela me contou o que Steve lhe dissera, "agora vá gerenciar e faça funcionar."

Era uma boa oportunidade para ela, mas para mim significava que da noite para o dia eu tinha duas vagas enormes abertas na divisão de educação, porque, do nada, meu VP de Vendas e minha VP de Marketing tinham ido embora. Para piorar, eu iria apresentar *toda* a minha estratégia educacional em um evento externo da Apple, o "Top 100", em apenas um mês. Felizmente, embora estivesse sem os dois vice-presidentes, ainda tinha alguns membros essenciais da equipe em quem podia confiar, incluindo Paul Papageorge, do Marketing, Bill Sutherland, do Financeiro, e Mike Thornberry, o Diretor de Operações de Vendas de Jim. Não posso enfatizar quão valiosa a ajuda deles foi para o meu sucesso inicial desta vez.

APRESENTAÇÃO "TOP 100"

A maioria das grandes empresas é organizada por divisões, gerenciadas por líderes, que tipicamente passam seu tempo focando em coisas que acontecem com seus produtos. Mas essa estrutura deixa os gerentes com pouco tempo ou incentivo para saber o que acontece em outras áreas importantes. Essa falta de comunicação geralmente faz com que as divisões operem em suas próprias bolhas, frequentemente desalinhadas, e sem saber o que mais está acontecendo na empresa. Era essa falta de comunicação que Steve queria evitar, e o que o fez voltar. Outra maneira que Steve garantia que os líderes da Apple estivessem sincronizados era fazendo retiros executivos anuais, chamados de "Top 100". Os participantes eram convidados por Steve e eram formados por funcionários que ele via como os maiores líderes da Apple, pelo menos em termos de seguir sua visão. É durante esses encontros que diversos executivos presentes apresentam a situação atual e os rumos futuros dos produtos pelos quais são responsáveis.

O que deixava as apresentações do "Top 100" de Steve especiais era que focavam nos produtos ou serviços do futuro em vez de reportar sobre o passado e negócios atuais, o que era esperado de nós nas outras reuniões. Steve sentia que era importante para todos nós, como grupo, ver em que direção a Apple estava seguindo para que pudéssemos alinhar mais adequadamente a direção dos nossos produtos com a visão geral. Todas as reuniões de Steve, e não só as do "Top 100", sempre tinham um propósito bem claro. Desde que o conheci, ele considerava a maioria das reuniões perda de tempo, ao contrário de alguns executivos que faziam reuniões a respeito de *outras* reuniões!

Eu seria convidado para as reuniões "Top 100" da Apple pelos próximos quatorze anos, mas antes precisava sobreviver à primeira. Não foi fácil gerenciar as questões táticas do dia a dia e, ao mesmo tempo, preparar uma apresentação sobre o que eu achava que o papel da Apple deveria ser no futuro da educação. Isso era especialmente verdadeiro porque se esperava que *inventássemos* o futuro, e não tentássemos prevê-lo. Ter de fazer isso na frente das 100 melhores pessoas da empresa só aumentava a pressão para que eu acertasse. Mas, como agora eu estava sem vice-presidentes de vendas e marketing, tinha uma limitação de dados quantitativos que seria capaz de apresentar. Mesmo assim, pude compartilhar minha visão geral sobre para onde eu acreditava que a educação deveria ir e exatamente o que a Apple precisava fazer para liderar o caminho.

Durante aquela primeira apresentação, mostrei que a Apple Educação, assim como nossos competidores, estava fazendo as coisas ao contrário. Até agora, expliquei, a Apple tinha criado produtos de consumidor e tentado encontrar um lugar para se encaixarem no mercado da educação. Em vez disso, argumentei, se quiséssemos crescer no negócio no ramo, precisávamos entender melhor os desafios de cada parte interessada (administradores, professores, alunos e pais) e fazer nossos produtos de acordo com suas necessidades. Em outras palavras, não deveríamos planejar e construir soluções e então buscar problemas que possam consertar: primeiro deveríamos identificar problemas específicos e depois fazer nossos produtos cuidarem deles diretamente. Mudar nosso foco para o aprendizado, em vez de só vender "caixas", era a solução para a Apple crescer no mercado e aumentar os lucros, defendi. Eles concordaram e, assim como previ, depois que começamos a pensar na aprendizagem primeiro, nossas vendas começaram a aumentar.

Um dos melhores exemplos disso aconteceu anos depois do lançamento do iPad. Eu fiz uma apresentação para as escolas públicas de Toronto, no Canadá, e depois a superintendente veio até mim e falou: "Sabe, vocês são a primeira empresa que falou sobre aprendizagem, todo mundo só quer nos vender caixas". Continuamos conversando sobre o processo de aprendizagem e eventualmente ela disse: "Eu tenho um problema real com uma alta porcentagem de alunos do ensino fundamental que não estão lendo na quarta série. Você voltaria para fazer sua apresentação para todos os meus professores do jardim de infância e da primeira série?". Duas semanas depois, ela me apresentou, não como vp da Apple, mas como alguém que de fato se importava com educação. Fiquei surpreso quando todos os mil professores presentes levantaram seus iPads e aplaudiram ruidosamente. Descobriu-se que a superintendente acabou comprando iPads para todos os professores, tudo por conta do foco na aprendizagem da Apple e na capacidade de usar nossa tecnologia para lidar diretamente com os desafios de leitura do distrito.

Esse acontecimento se tornaria um momento especial para mim, mas, enquanto isso, eu precisava apresentar um argumento convincente para Steve e meus colegas sobre o que precisávamos fazer para reinventar a educação, como iríamos fazer e por que era tão importante que fizéssemos dessa forma. O que me faltou em números e estatísticas durante a minha apresentação, tentei compensar "pensando diferente" e ofereci uma série de soluções criativas. Fiquei emocionado ao saber depois que quase todos na sala compreenderam e concordaram. Mais importante: minhas ideias conseguiram a aprovação de Steve, embora eu tivesse que prometer a ele detalhes específicos sobre como faria tudo acontecer. Sabia exatamente o que precisava ser feito, agora era apenas uma questão de encontrar líderes fortes tanto para vendas quanto para o marketing.

A FERA DAS VENDAS

Se eu fosse concretizar meus planos ambiciosos de renovar a educação, não poderia fazer isso sozinho. Um novo VP de Vendas também teria que entender que a Apple era bem diferente de outras empresas. Até o melhor vendedor do mundo não sobreviveria a não ser que entendesse e aceitasse nossa cultura não tradicional. Isso significava que o meu vice-presidente precisava estar disposto e pronto para sacudir o *status quo* em toda a nossa divisão. Um líder de vendas tradicional nunca teria a chance de sucesso, eu sabia que precisava de uma *fera das vendas*.

No fim de 2002, seguindo a sugestão de Tim Cook, encontrei um inglês corpulento chamado Barry Wright e conversamos sobre a possibilidade de ele supervisionar as vendas de educação na Apple. Uma das primeiras coisas que verifico ao contratar um vendedor é sua capacidade de se vender para a vaga. Barry era uma figura e não perdeu tempo me convencendo de que era a pessoa certa para o trabalho. Era um homem duro e orgulhoso e, como eu, tinha energia suficiente para iluminar uma cidade inteira.

Eu falei sobre o plano estratégico da Apple Educação e expliquei detalhadamente como e por que nossa prioridade seria fornecer as ferramentas necessárias para os professores e alunos para maximizar o potencial dos estudantes em um mundo cada vez mais digital. Eu sabia que nossos produtos eram melhores do que os outros do mercado, mas o truque era convencer os líderes tradicionais de educação a abraçar a mudança e "pensar diferente". Barry não só concordou com a nossa filosofia mas estava superempolgado e até compartilhou algumas de suas ideias, algo de que eu gostei.

Sempre acreditei que existem três fatores para vender produtos no mercado moderno da educação. A primeira, como já mencionei, é a habilidade de focar no porquê em vez de no quê. A segunda é entender as complexidades das políticas educacionais e das decisões de compras. E a terceira é a habilidade de motivar os compradores (possíveis consumidores) e vendedores (sua força de vendas). Eu soube desde o primeiro dia com Barry que ele tinha tudo isso de sobra e então, no final de 2002, contratei-o como vp de Vendas de Educação da Apple. Eu sempre usava uma metáfora de pescaria para descrever nosso relacionamento de trabalho. Eu levaria os clientes para o barco da Apple com a mensagem de transformar o ensino e a aprendizagem, e Barry os fisgaria para dentro. Eu sabia que tinha tomado a decisão correta, mas não sabia na época quão bom em vendas ele se tornaria.

Disse para Barry que o que ele deveria fazer primeiro era treinar nossos vendedores e aumentar nosso grupo de vendas. Ele garantiu que não seria um problema e foi logo fazendo o que pedi. Ao contrário do seu antecessor, Barry acabou sendo uma ótima escolha. Ele entendia nossa cultura e se dava bem com Mike Thornberry, a estrela de operações em ascensão que Jim se recusou a deixar brilhar. Sob a liderança de Barry, Mike se tornou um ótimo líder também, e os dois se tornaram imparáveis, transformando rapidamente nosso departamento em um rolo compressor de vendas com mais de 700 pessoas.

Barry viria a se tornar uma personalidade extraordinária na Apple e se encaixava perfeitamente entre nós porque sempre pensava grande. Uma das coisas que fez foi anunciar que queria organizar uma grande conferência da qual nossas equipes de vendas e marketing participariam, juntamente com vários especialistas em educação de todo o país. Embora já fosse novembro, Barry insistiu que a conferência fosse planejada, definida e programada para o final de fevereiro, uma tarefa que quase todo mundo da divisão achou impossível. Era realmente uma meta ambiciosa, mas nada muito diferente do que os executivos estavam acostumados a ouvir de Steve, que nos desafiava a fazer o impossível toda semana. Não é de surpreender que ninguém que tenha permanecido na Apple tenha dito a Steve Jobs que algo era impossível.

Seguindo a mesma tradição, Barry agora insistia que sua enorme conferência fosse realizada em apenas 12 semanas. Sempre achei que a paixão é contagiosa, e Barry confirmou minha crença com facilidade, convencendo toda a sua equipe de que não apenas a conferência era possível, mas que nem seria difícil de fazer. Com certeza, graças à liderança de Barry e Mike Thornberry, no final de fevereiro de 2003, nossa conferência de vendas de vários dias começou em San Jose, Califórnia.

BATE-PAPO DE VENDAS

Eu participei ansiosamente da primeira conferência de vendas de Barry, junto com Steve e vários outros executivos importantes. Todos ficamos impressionados com a rapidez e o profissionalismo com que foi organizada, mas nos primeiros dias tudo parecia um pouco tradicional. Quando soube que Barry havia agendado um "bate-papo de vendas" para o último dia da conferência, apareci sem esperar nada fora do comum. Sua palestra começou de forma bastante agradável, com ele expressando gratidão e até dando elogios à equipe. Mas então, aparentemente do nada, começou a bater metaforicamente neles. Seu humor mudou instantaneamente, e ele ficou tão sério que me lembrou de como Bruce Banner, sempre que ficava com raiva, transformava-se no Incrível Hulk. Tudo o que pude fazer foi assistir enquanto o Barry cordial simplesmente desapareceu, substituído por um louco desajeitado, andando para cima e para baixo pelos corredores, com fogo em seus olhos, berrando através de um fone de ouvido e microfone sem fio que estavam conectados a alto-falantes estrondosos. "Não sejam perdedores, c*****o!", ele gritou com o rosto vermelho como uma beterraba e suor escorrendo. "Chega!" Eu estava em choque. Barry sempre foi carismático e apaixonado, mas esse Barry era totalmente assustador.

Enquanto continuava seu "bate-papo de vendas", observei seus gerentes e a equipe de vendas se entreolharem, sem saber se aplaudiam ou choravam. Barry olhou friamente para cada vendedor por quem passava, explicando como, daquele momento em diante, cada um deles teria que atender expectativas dramaticamente mais altas e que desculpas não seriam toleradas. Ele disse que o que estávamos tentando fazer era maior do que a Apple e que todos os alunos do mundo dependiam de cada um deles para trazer a educação para o século XXI. Barry insistiu que era melhor sua equipe de vendas começar a fazer de cada venda uma experiência *pessoal* e, se até mesmo uma delas falhasse, toda a equipe seria responsabilizada. Para a fera das vendas, o fracasso não era opção, nem para ele, nem para qualquer membro de sua equipe. Sua mensagem era clara: as futuras gerações de alunos dependiam deles, *pessoalmente*, para ter sucesso, e era melhor não falhar.

Barry transformou o que de outra forma teria sido um retiro normal de vendas no que equivalia a uma manifestação de vitalidade total. Quanto mais falava, mais energia enchia a sala. A maior parte de nossa equipe de vendas começou a aplaudir ruidosamente sempre que ele fazia um comentário importante, enquanto alguns afundavam em seus assentos, literalmente tremendo de medo. As coisas não seriam mais como de costume e estava visivelmente claro quem provavelmente teria sucesso na Apple e quem teria dificuldades.

Recentemente, conversei sobre Barry com a esposa de Steve Wozniak, Janet, que trabalhou para mim por dez anos na divisão de Educação da Apple. Contei que estava escrevendo um livro que incluiria uma seção descrevendo a infame "conversa" sobre vendas de Barry e perguntei quais eram suas memórias do evento. Ela descreveu o relacionamento entre mim e Barry como sendo equivalente à clássica metáfora do policial bom e do policial mau. "Lembro que você falou primeiro e estava muito apaixonado, de uma forma que nos motivou a acreditar que poderíamos mudar o mundo", ela me disse. "Mas então foi a vez de Barry falar e, cara…"

Janet então se lembrou de ter ouvido o forte sotaque *cockney* de Barry e como ele falou sobre ter crescido em uma parte difícil de Londres, onde as brigas de rua eram comuns, e como essas experiências instilaram nele os instintos de lutador obstinado. Ela ainda se lembrou de Barry subindo e descendo o corredor do meio xingando, dizendo-nos como éramos inúteis, que o que estávamos perdendo era a mentalidade assassina que ele tinha e que precisávamos ser mais rígidos. Janet até se lembrou de uma citação específica de Barry sobre nossos concorrentes. "Vocês precisam lutar contra eles, chutá-los, mordê-los, botá-los no chão, colocar o pé na garganta deles e não desistir até que corte o oxigênio deles e eles estejam mortos!"

Janet e eu concordamos que um dos momentos mais perturbadores da palestra de Barry foi quando ele começou a fazer ameaças pessoais. Disse que sabia que havia preguiçosos na Apple e que, de agora em diante, iria pessoalmente "caçá-los" e demiti-los na hora. Ele continuou com essa "insanidade" por mais de 30 minutos, Janet lembrou. Ela tinha ouvido o suficiente, levantou-se e começou a sair, fazendo com que Barry parasse o que estava dizendo no meio da frase e silenciosamente a observasse partir. "Nunca esquecerei minha gerente regional, Judy Boggs, olhando horrorizada enquanto eu caminhava pelo corredor e todos os outros estavam com medo de se mover. Seus olhos estavam implorando para que eu me sentasse", contou Janet. "Era como se estivessem dizendo 'Você está louca?'"

Hoje, Janet e eu olhamos para trás e rimos de tudo, mas certamente não foi engraçado na época. Barry acabou sempre sendo assim nas reuniões com sua equipe. Ele motivava por meio do medo e da intimidação e, embora algumas dessas coisas possam ter sido espontâneas, ele era um cara inteligente, e acho que muito disso foi tática deliberada que sabia que funcionaria. No final da nossa conversa, Janet me disse que quando Barry viu que ela era uma trabalhadora produtiva: "Ele virou um anjo e um cara superlegal".

Compreendi que líderes motivam os outros de muitas maneiras diferentes e qualquer uma tem potencial para dar certo. O estilo de Barry estava em total contraste com o meu, mas valeu a pena porque o negócio de educação da Apple estava prestes a estourar. Durante a gestão de Barry Wright, acabamos atingindo nossas metas de vendas por 40 trimestres consecutivos. Quando voltei para a Apple, as vendas de educação da empresa giravam em torno de 1 bilhão de dólares por ano, mas dez anos depois minha chegada e contratação de Barry, fomos capazes de crescer para mais de 9,5 bilhões. Uma das principais razões para esse crescimento era que a divisão de educação da Apple agora estava vendendo produtos com base em necessidades de aprendizagem *específicas*, em vez de soluções em busca de problemas e, finalmente, alcançando as pessoas que mais precisavam deles: professores e alunos.

CAPÍTULO 11

APPLE EDUCAÇÃO

"Todo mundo tem a impressão de que agora é um daqueles momentos em que estamos influenciando o futuro."
STEVE JOBS

STEVE JOBS TEVE POUCA EDUCAÇÃO FORMAL ALÉM DO ENSINO médio e vivia entediado durante a educação básica. Por volta dos dez anos, encontrou seu primeiro computador e ficou fascinado. Mas só anos depois, após ver seu primeiro computador desktop na Hewlett-Packard, começou a realmente entender o potencial dos computadores para remodelar o futuro da educação. Desde o momento em que entrei para a Apple, ele já havia começado a compartilhar comigo sua visão do papel dos computadores na educação, que refletia uma de suas últimas citações públicas: "Achei que se houvesse apenas um computador em cada escola, algumas das crianças o encontrariam e isso mudaria a vida delas".

Embora possa não ter havido um VP de Educação nos primeiros dias da Apple, a educação sempre foi vista como uma das prioridades, e, como Steve disse, "parte do DNA da Apple". Logo depois que comecei no cargo de Diretor de Novos Produtos, Steve me disse que um dos principais objetivos era colocar a tecnologia criativa nas mãos dos alunos. Como ele, eu sabia a influência que isso poderia ter sobre as crianças, principalmente por causa do efeito que teve sobre meu próprio filho, Kris, depois que Steve levou aquele Apple II para minha casa. Steve e eu sabíamos que nunca foi questão de saber *se* os computadores pessoais poderiam ou não aflorar a criatividade natural de uma criança e melhorar sua motivação para aprender, porque sabíamos que poderiam facilmente fazer as duas coisas. A pergunta que nos fazíamos era: *"Como colocamos esses computadores nas mãos deles?"*.

AS CRIANÇAS NÃO PODEM ESPERAR

Em 1978, os alunos de Minnesota tiveram acesso a quinhentos computadores Apple II por meio de um acordo que a Apple havia feito com o Minnesota Education Computing Consortium. Steve sabia que não era suficiente e queria mais, mas os bloqueios burocráticos acabaram atrasando muito o processo, deixando Steve frustrado. "Percebemos que toda uma geração de crianças iria para a escola antes mesmo de ter seu primeiro computador", lembrou mais tarde. "Mas pensamos: as crianças não podem esperar." Steve acreditava que *todas* as crianças precisavam ter acesso a computadores, então, naquele mesmo ano, ele deu início a uma iniciativa de marketing educacional na Apple chamada "As Crianças Não Podem Esperar". O objetivo declarado dessa nova iniciativa era tão simples quanto ambicioso: doar um Apple II para todas as escolas nos Estados Unidos. O maior problema era que a Apple não estava em condições financeiras de realizar uma tarefa tão grande. Felizmente para nós, um caminho se abriu.

Havia uma lei federal na época que dava às empresas uma dedução de impostos se "um material de instrumentação científica ou computador" fosse doado a uma universidade para fins educacionais ou de pesquisa. Sentimos que se pudéssemos fazer com que essa lei abrangesse também as escolas de ensino fundamental e médio, isso nos permitiria fazer doações em todo o país. Steve voou para Washington, D.C. e fez lobby no Congresso, o que ajudou a enviar um projeto de lei chamado H.R. 5573, também conhecido como "Ato de Contribuição para Equipamentos de Computador". Embora o projeto de lei não tenha saído do comitê, quando os líderes políticos da Califórnia souberam de nosso esforço, concordaram em implementar o projeto nas 10 mil escolas do estado, dando-nos (assim como a qualquer outra empresa) uma redução de impostos para ajudar a financiar o custo do programa. Logo depois, os computadores pessoais começaram a chegar às escolas em toda a Califórnia, dando a milhares de alunos acesso às máquinas pela primeira vez. Steve sempre se referia ao sucesso do programa como sendo "fenomenal" e, pelo resto de sua vida, ele o apontou como uma das coisas mais incríveis que a Apple já fez.

ST. MARY

Assistindo meu filho Kris a brincar e a aprender no Apple II e, mais tarde, no Lisa, vi em primeira mão o impacto que os computadores pessoais podem ter nas crianças. Em fevereiro de 1979, doei dois Apple II para a escola católica primária St. Mary, em Los Gatos, Califórnia, onde Kris e minha filha, Tiffany, estavam estudando. A escola agradeceu, mas realmente não tinha ideia do que fazer com os computadores. Acabaram limpando uma sala da zeladoria, colocando os computadores lá e avisando aos alunos que estariam disponíveis para uso antes e depois das aulas, nos horários livres, bem como no almoço e no recreio. Quase instantaneamente, os alunos ficaram tão interessados nos computadores que invadiram a sala do zelador e, sem qualquer treinamento computacional, conseguiram "descobrir as coisas" apenas brincando. Disseram que uma das crianças estava tão motivada que até aprendeu a ler com o computador!

No final daquele ano letivo, os alunos da St. Mary elegeram a "sala do zelador" como sua aula preferida. A turma da oitava série acabou dando Apple II adicionais para a escola como presente de formatura, o que foi um belo gesto, mas também causou certo dilema. Todos os computadores não caberiam mais na sala do zelador, então, após um pouco de deliberação, a escola decidiu tornar "Computadores" uma matéria oficial do ano letivo seguinte. Fiquei animado com a notícia, pelo menos até ver a primeira prova, que era apenas a primeira página do manual do Apple II com algumas palavras faltando! Tudo o que os alunos precisavam fazer para passar no chamado "teste" era completar as palavras que faltavam, um desperdício ridículo de tecnologia. Pouco depois, escrevi um artigo, "Como a maçã foi perdida no caminho para a escola", que avisava que, se nossas instituições de ensino não fossem cuidadosas, acabariam mudando a visão de Steve de que os computadores pessoais são "bicicletas mentais" para "bicicletas ergométricas" que nunca vão a lugar algum.

PESQUISA ACOT

Em 1986, a Apple conduziu um projeto de pesquisa chamado Apple Classrooms of Tomorrow (ACOT). O projeto foi uma colaboração entre a Apple, escolas públicas, universidades e agências de pesquisa. O objetivo era estudar como o uso rotineiro da tecnologia em sala de aula poderia mudar o ensino e a aprendizagem e, se possível, identificar quais modelos específicos trariam mais mudanças. Foi um estudo bem-feito e que mostrou que as crianças aprendem melhor por meio do envolvimento ativo e que a tecnologia computacional é uma forma eficaz de envolvê-los. Os resultados parecem óbvios agora, mas na época proporcionaram muitos insights e ajudaram a informar as decisões que levaram um grande número de escolas a aceitarem mais o uso da tecnologia educacional nas salas de aula. Em 2003, as descobertas do ACOT não eram mais úteis, o que significava que precisávamos de pesquisas mais atualizadas para basearmos melhor nossas decisões sobre os nativos digitais e a aprendizagem do século XXI.

Um ano após o lançamento do primeiro iPhone, minha equipe de educação deu início a um acompanhamento há muito esperado do

ACOT, chamado Apple Classrooms of Tomorrow — Today: Learning in the 21st Century, que chamamos de ACOT^2. Eventualmente, começamos uma colaboração com a Digital Promise, uma organização sem fins lucrativos bem conhecida que se concentrava em tecnologia educacional e aprendizagem digital. A equipe de liderança original do ACOT^2 consistia em Karen Cator, Marco Torres, Don Henderson e Mark Nichols, Katie Morrow e outros.

Juntos, nosso objetivo era descobrir exatamente o que seria necessário para envolver totalmente essa nova geração de alunos. A descrição oficial dizia: "A intenção deste segundo estudo era identificar os princípios essenciais de design para o ensino médio do século XXI, concentrando-se nas relações que mais importam: aquelas entre alunos, professores e currículo". Enquanto o ACOT original se concentrava em descobrir *se* a tecnologia poderia funcionar ou não na educação, o foco do ACOT^2 era descobrir *como* fazê-la funcionar de maneira mais eficaz. A maior conclusão de nossa pesquisa ACOT^2 foi que todo o conteúdo precisava levar os alunos a se tornarem criadores, e não apenas consumidores. Mais especificamente, as salas de aula precisam ser criativas, colaborativas, relevantes e desafiadoras.

Essas descobertas, combinadas com aspectos-chave de modelos como a Taxonomia de Bloom, o TPACK (Conhecimento de Conteúdo Pedagógico Tecnológico) e o SAMR (Substituição, Aumento, Modificação e Redefinição) nos levaram a desenvolver uma nova pedagogia de aprendizagem que chamamos de Aprendizagem Baseada em Desafios (CBL, na sigla em inglês). O modelo foi projetado para criar experiências de aprendizagem colaborativa nas quais professores e alunos trabalharam juntos para estudar questões interessantes, propor soluções para problemas do mundo real e realizar ações específicas para resolvê-los. Não queríamos inventar algo completamente novo com a CBL. Uma das principais lições que aprendi durante meus primeiros anos na Apple foi que é muito difícil conseguir a adesão do público geral para algo, a menos que haja um senso de familiaridade. Esse foi um dos motivos pelos quais os computadores pessoais não decolaram até que as interfaces gráficas do usuário fossem introduzidas com versões digitais de coisas familiares, como uma mesa de trabalho, arquivos e pastas.

Mesmo quando novas ideias realmente dão certo, normalmente levam anos para serem implementadas e, no campo da educação, pode levar *décadas* ou ainda mais tempo. Mas sabíamos que "As crianças não podiam esperar", então, em vez de oferecer um modelo de aprendizagem radicalmente novo que ninguém entendia, queríamos aplicar a inovação a um modelo existente que aumentaria muito sua utilidade para os alunos do século XXI. O modelo que usamos como ponto de partida foi a aprendizagem baseada em projetos (PBL), uma pedagogia de aprendizagem prática popular. Pegamos as melhores partes do PBL e o aprimoramos de várias maneiras, principalmente ao adicionar um componente de tecnologia e a possibilidade de os alunos escolherem seus próprios projetos do mundo real. Para espalhar a palavra, recorremos aos Apple Distinguished Educators, professores que reconhecemos e recompensamos pelo uso eficaz da tecnologia em sala de aula. Com a ajuda deles, respaldada pelas descobertas do ACOT^2, e da Digital Promise, a CBL começou a transformar as salas de aula nos Estados Unidos como um todo.

PROJETO BRASIL

Os resultados da pesquisa ACOT^2 foram centrais para nossa estratégia de educação. Continuaram a moldar a pedagogia, não só da Apple, mas nos Estados Unidos como um todo e no resto do mundo. Um bom exemplo foi o Projeto Brasil, que apareceu não muito depois de a Apple ter decidido começar a produzir no país. O presidente do Brasil tinha deixado claro que, se a Apple quisesse ter a presença de manufatura no país, teríamos que investir em um projeto de pesquisa que ajudaria o Brasil economicamente a longo prazo.

Como resposta, o braço direito de Tim Cook, Jeff Williams, pediu-nos ideias educativas que poderiam caber no orçamento. O presidente do Brasil estava pensando em termos de ajudarmos por meio da manufatura, mas sugeri, em vez disso, que considerássemos a construção da nascente economia do trabalhador do conhecimento do país, melhorando a capacidade de seus cidadãos de codificar e criar aplicativos. Nós sugerimos que a Apple poderia investir em um programa nas universidades brasileiras que treinaria os alunos, por meio da aprendizagem baseada em desafios, para desenvolver aplicativos e fazer códigos. Os líderes brasileiros adoraram a ideia. Quando tivemos permissão da Apple, escolhi meu colaborador técnico *superstar*, Gordon Shutwik, para lidar com o programa e a logística e, em pouco tempo, o Projeto Brasil estava instalado e funcionando em dez universidades de todo o país. Acabou sendo um sucesso. Os alunos adoravam porque aprendiam habilidades práticas em vez de só a teoria, o que permitia que começassem seu negócio de aplicativos para celulares antes mesmo de se formarem.

Alguns anos depois que o programa começou, fui em uma conferência de desenvolvedores da Apple na qual estava acontecendo uma competição de alunos empreendedores e fiquei empolgado quando um dos times do Projeto Brasil conquistou o primeiro lugar. Durante os anos seguintes, vários outros alunos brasileiros ganharam também, fazendo os executivos da Apple e de outras grandes empresas tomarem nota. Fiquei especialmente feliz por ver algumas companhias grandes de tecnologia como a IBM começarem a recrutar alunos diretamente das universidades brasileiras. Com o tempo, continuamos a adicionar mais aulas aprimoradas com a aprendizagem baseada em desafios ao Projeto Brasil, que incluíam cursos sobre empreendedorismo e design. Isso se provou um sucesso tão grande que a Apple expandiu o projeto para além do Brasil, começando programas parecidos na Itália, França e Indonésia. Vejo isso como um exemplo perfeito de quão poderoso pode ser colocar as ferramentas educacionais corretas nas mãos de estudantes. Nesse caso, não só impulsionou as perspectivas de carreira de milhares de alunos, mas também ajudou a impulsionar a economia de todo um país.

A VISÃO DE STEVE

Durante o começo dos anos 2000, o movimento da "reforma da educação" consistia de duas escolas de pensamentos bem diferentes. Bill Gates, através da Fundação Bill e Melinda Gates, junto com vários políticos democratas e republicanos, acreditavam que adicionar conteúdo e testes padronizados era a melhor maneira de melhorar os resultados educacionais de alunos com dificuldades. Essa crença significativamente falha levou aos Padrões Básicos Comuns federais, um modelo único que punia estados, escolas, professores e alunos que não apresentassem um desempenho "padrão" em testes importantes. A outra escola de pensamento, pela qual Steve e eu lutamos, acreditava em mudanças mais disruptivas que dependiam menos de memorização e provas e mais da mudança das escolas para abordagens de aprendizagem inovadoras, individualizadas e práticas.

Assim como todo mundo, tenho minha própria visão quando se trata dos tópicos mais controversos da educação, mas como VP de Educação em uma empresa como a Apple, eu não tinha o luxo de poder compartilhar essas ideias, porque meu trabalho exigia neutralidade pública. Por estar em uma posição de influência, costumavam me perguntar meu ponto de vista sobre praticamente todos os temas controversos da educação. Mas quando um líder de uma empresa grande toma uma posição pública sobre um assunto polêmico, é automaticamente assumido que a empresa para a qual trabalha também concorda. Na verdade, quando executivos em nível acima de vice-presidente em empresas como a Apple falam publicamente, acredita-se que estão *sempre* falando como representantes da empresa, quer tenham essa intenção ou não. Por isso sempre tive de tomar cuidado com o que falava e morder a língua para ficar quieto. Steve, por outro lado, nem se importava.

Todo mundo sabe quão apaixonado Steve era pela Apple e os produtos que criou, mas muitas pessoas não percebiam sua paixão pela educação. Na maioria das vezes, quando falava publicamente sobre o assunto, geralmente estava relacionado com tecnologia e aprendizagem, tópicos não muito controversos. Mas, de vez em quando, alguém perguntava sobre polêmicas relacionadas à educação que não tinham nada a ver com tecnologia. Quando isso acontecia, eu tinha certeza de duas coisas. Uma era que ele com certeza tinha uma opinião forte sobre o assunto e a outra era que daria sua opinião, independentemente de as pessoas gostarem ou não. Alguns desses assuntos incluíam coisas como provas de alto impacto, sistemas de nota, escolas autônomas, escolha de escola e *vouchers*, mas para aqueles que realmente queriam fazer o sangue de Steve ferver era só perguntar sobre uma coisa: sindicatos de professores.

SINDICATOS DE PROFESSORES

A única vez que voei com Steve em seu jato particular aconteceu antes de uma conferência de educação em Plano, no Texas. Normalmente ele não ia nessas conferências porque dizia que era "o meu trabalho", mas essa ocasião era especial porque estava sendo patrocinada por um de seus maiores investidores na NeXT, o bilionário Ross Perot. Steve me disse que Ross nunca tinha perdido uma reunião da NeXT e sempre tinha uma contribuição positiva, então sentia que devia esse suporte.

Ross sempre teve interesse em várias indústrias, inclusive tecnologia e educação. Isso o fez organizar uma conferência sobre esses temas, na qual os líderes da indústria se juntavam para discutir o papel da tecnologia na educação. As duas pessoas mais influentes que ele chamou para seu painel foram Steve Jobs e Michael Dell, o CEO da Dell Computer, dois empresários de sucesso com pontos de vista muito diferentes e com fortes opiniões sobre educação. Os dois homens sentaram perto no palco, enquanto eu estava na fileira da frente, pronto para ver essa disputa verbal. No começo, tudo amigável, e até engraçado em alguns momentos. Mas então o anfitrião virou-se para Steve e perguntou: "Qual é o maior problema da educação atualmente?". Com uma pergunta tão aberta, tive um pressentimento de para onde Steve iria com a discussão, e eu estava certo. "Fácil", Steve respondeu, "sindicatos de professores". *Ih*, pensei comigo, *lá vem problema*.

Antes de Steve começar a explicar, olhou para mim e disse: "John, vamos perder algumas vendas". Ele então começou a culpar os sindicatos por quase tudo de errado na educação. Tudo que eu podia fazer era assistir e suar, sabendo que teria que fazer uma limpeza gigante quando isso terminasse. No dia seguinte, a forte opinião de Steve estava nas manchetes e enfureceu os sindicatos dos professores. E como se a primeira vez não tivesse sido ruim o suficiente (pelo menos para mim), alguns dias depois Steve deu uma entrevista para a *PC World* na qual reforçou sua opinião sobre o tema.

Bem, não tenho ideia se as opiniões *muito* públicas dele acabaram ou não me fazendo perder algumas vendas, mas com certeza me geraram uma viagem dolorosa para Washington, D.C. no fim daquele mês, para encontrar com os presidentes do sindicato dos professores! Passei a maior parte do meu tempo da reunião tentando convencê-los de que Steve não era contra professores, só achava que eles tinham pouco apoio dos sindicatos, que tendiam a ser mais políticos. Mas, considerando quão publicamente ele vinha apresentando seus pontos de vista, meu argumento naquele dia foi difícil de vender.

Durante as semanas seguintes, os líderes dos sindicatos, professores e administradores começaram a pintar publicamente um retrato de Steve como reformador *radical* e inimigo dos professores, com um plano maligno de substituir os professores de sala de aula por computadores. Era bem ridículo porque, embora Steve acreditasse que a tecnologia iria transformar a educação, sabia que isso não poderia acontecer de forma eficaz sem um professor fisicamente presente. Ele dissera, em uma entrevista em 1995: "Ajudei a colocar mais computadores em mais escolas do que qualquer outra pessoa no mundo e estou absolutamente convencido de que isso não é de forma alguma a coisa mais importante. A coisa mais importante é uma pessoa. Uma pessoa que incita a curiosidade e alimenta a curiosidade. E as máquinas não conseguem fazer isso do mesmo jeito que as pessoas". Quando o ouvi dizer isso percebi que Steve tinha resumido minha motivação para tê-lo seguido na Apple de novo. Embora amasse a empresa, era a pessoa que liderava tudo que incitava e alimentava a minha curiosidade, e eu estava feliz por estar de volta.

CAPÍTULO 12

SIGA O LÍDER

"A inovação diferencia um líder de um seguidor."
STEVE JOBS

Durante o meu segundo período na Apple, percorri uma linha tênue entre reverter oito anos de queda nas receitas de educação e, ao mesmo tempo, garantir que nossos esforços estivessem alinhados com a direção da empresa para o futuro. Para garantir que eu fizesse isso da maneira correta, dediquei uma quantidade significativa do meu tempo para entender as áreas nas quais a Apple estava investindo no momento. Além do evento "Top 100", comecei a perguntar várias coisas para os outros vice-presidentes, participei de reuniões e aprendi tudo que podia sobre os empreendimentos de software e hardware da empresa. Sabia ser fundamental que a direção estratégica da educação fosse mapeada conforme o plano geral da Apple. O que aprendi foi que, enquanto a Apple estava investindo em várias áreas e produtos, a maioria dos gastos girava em torno de quatro segmentos: um novo sistema operacional (Mac OS X), softwares de criação (suíte iLife, iTunes e aplicativos Pro), celulares e lojas de varejo.

MAC OS X

Depois que Steve saiu da Apple e começou a NeXT, ele desenvolveu seu próprio computador inovador NeXT. Ele usava o NEXTSTEP, um sistema operacional orientado a objetos com interface poderosa e amigável. Mas os componentes de hardware eram caros, deixando o computador oneroso demais para o orçamento das instituições de ensino superior, o mercado alvo de Steve. Desapontado, começou a pensar em vender a empresa ou licenciar o OPENSTEP, seu software de proprietário. Não demorou muito para encontrar um comprador porque, ironicamente, em 4 de fevereiro de 1997, a Apple acabou comprando a NeXT por 427 milhões de dólares, trazendo Steve de volta à empresa como membro ativo do conselho. Agora determinado a reverter os infortúnios financeiros que assolavam a empresa, conseguiu, com astúcia e sucesso, destituir Gil Amelio, o CEO que estava sofrendo havia um tempo. Então, em 16 de setembro de 1997, Steve Jobs se tornou o CEO interino da Apple – sua primeira vez liderando oficialmente a Apple como executivo-chefe.

Com seu novo poder de liderança como CEO, uma das primeiras coisas que Steve fez foi abordar a série de sistemas operacionais com falhas que a Apple havia desenvolvido. O novo foco, disse, seria o desenvolvimento de uma nova e moderna versão do Mac OS que usasse o OPENSTEP como base. O novo sistema, Mac OS X, com o codinome "Kodiak", era baseado no Unix, mais poderoso e mais confiável do que todos os outros computadores pessoais. Em 13 de setembro de 2000, a versão beta pública do Mac OS X foi lançada para que um seleto grupo de usuários iniciais pudesse testar o software e relatar quaisquer bugs antes do lançamento oficial do sistema. O objetivo era oferecer um sistema operacional que atraísse empresas desenvolvedoras de software, como Adobe, Microsoft e outras, a desenvolver aplicativos que funcionassem sem problemas na plataforma e, assim, alavancassem a natureza criativa da comunidade de desenvolvimento de software, uma lição aprendida desde cedo com o Apple II.

No dia 24 de março de 2001, o Mac OS X foi oficialmente lançado, tornando-se um sucesso imediato e, diferentemente de seus predecessores, passaria no teste do tempo. As atualizações subsequentes para o OS X foram quase todas nomeadas com nomes de grandes felinos ou lugares, incluindo: Cheetah, Puma, Jaguar, Panther, Tiger, Leopard, Snow Leopard, Lion e Mountain Lion, Mavericks, Yosemite, El Capitan, Sierra, High Sierra, Mojave e Catalina.

Na minha volta à Apple no ano seguinte, Steve ainda estava superempolgado com o novo sistema operacional, dizendo que estava "bancando toda a empresa no OS X", e exigia que, no futuro, todos os aplicativos usassem apenas esse sistema. Isso instantaneamente fez do OS X uma das minhas quatro principais áreas de foco. *O que significa para o negócio de educação da Apple?*, eu me perguntei. *Como posso alavancar esse sistema novo e amplamente elogiado de forma a ajudar a transformar não apenas nosso negócio na educação, mas a educação como um todo?* Essas eram algumas das perguntas que passavam pela minha cabeça, mas uma coisa que eu não precisava questionar era a visão de Steve para o novo sistema operacional na educação. Ele deixou isso bem claro no momento em que comecei: "Quero computadores rodando Mac OS X em todas as escolas dos Estados Unidos".

Eu sabia que precisaria pensar seriamente na melhor forma de atingir esse objetivo no mercado do ensino básico, mas tive uma ideia para nos ajudar a conquistar o mercado universitário. Na época, a maioria dos departamentos de TI das universidades não tinha computadores Mac. Não apenas havia o uso limitado de alunos e professores, mas os funcionários de TI das universidades tinham pouca familiaridade com o sistema operacional, pois haviam sido treinados exclusivamente na plataforma Microsoft. Para começar a resolver esse problema, fiz um estudo rápido dos gastos dos estudantes universitários e o tamanho do mercado individual (corpos discente e docente) nos campi. Concluí que a melhor solução seria focar em aumentar a porcentagem de calouros que trouxessem seu próprio Mac para a universidade. Acabamos criando uma promoção "De volta às aulas" todo ano, onde os alunos recebiam um desconto significativo em computadores, juntamente com um brinde, geralmente um software e, eventualmente, um iPod. A promoção deu tão certo que, se olhar as salas das universidades atualmente, vai ver a maioria dos alunos usando um MacBook.

X PARA PROFESSORES

Quando nosso programa universitário começou a decolar, era hora de descobrir como colocar o Mac OS X em "todas as escolas dos Estados Unidos", como Steve havia imaginado. Nós dois sabíamos que o OS X tinha um potencial revolucionário para o aprendizado na educação básica, e eu estava animado por agora desempenhar um papel de liderança para fazer aquilo acontecer. Como já disse muitas vezes, todos os alunos possuem um pouco de genialidade dentro de si, mas muitas vezes precisam das ferramentas certas para trazê-la à tona. Eu sabia que o OS X era a ferramenta perfeita, porque fornecia uma base confiável para uma variedade de aplicativos que poderiam capacitar diretamente a criatividade dos alunos. Para que funcionasse, no entanto, as escolas precisavam realmente ter acesso ao sistema operacional. Fiz um estudo e descobri que apenas 6% dos computadores Apple no mercado do ensino básico *conseguiam* rodar o OS X!

Quando contei minha descoberta para Steve, ele arrumou um tempo para sentarmos com Phil Schiller e nós três discutirmos possíveis soluções. Foi durante essa reunião que desenvolvemos um programa de marketing que Phil chamou de "X para Professores". A ideia era que a Apple daria uma cópia gratuita do Mac OS X para todos os professores da América do Norte, o que acreditávamos que pressionaria nas escolas e departamentos de TI do distrito a começar a nos levar mais a sério. Muitos tinham cansado dos sistemas operacionais obsoletos e falidos da Apple nos anos anteriores e migraram para a Microsoft. Agora era meu trabalho ajudá-los a perceber que, com Steve como CEO, havia uma nova Apple, e que de agora em diante as coisas seriam muito diferentes. Sabia que nossa ideia era sólida, mas a escala de tal programa era sem precedentes, e implementá-lo acabou consumindo todo o meu orçamento de marketing para o ano.

Além do "X para Professores" ser um empreendimento caro, eu sabia que também precisaria de ajuda técnica. Ao retornar à Apple, herdei uma boa equipe, mas ninguém nela era técnico, o que significava que não podiam me dizer quais recursos do OS X seriam os mais adequados para a área da educação. Então, um dia, eu estava no refeitório quando encontrei Gordon Shukwit, que havia fundado uma startup de tecnologia de sucesso comprada por uma das empresas que eu assessorava nos meus dias de investimentos de risco. Fiquei surpreso ao vê-lo procurando emprego na Apple, especialmente porque não estávamos contratando. Sua experiência não era em educação, mas eu sabia que ele tinha a perspicácia técnica necessária para mapear com sucesso os principais recursos do OS X para necessidades educacionais específicas. Felizmente, consegui convencê-lo a se juntar ao meu time, o que acabou sendo um dos melhores movimentos iniciais que fiz. Enviei Gordon para viajar ao redor do mundo observando instalações educacionais para entender melhor as necessidades de aprendizagem das escolas e como poderíamos mapear essas necessidades para as funções do OS X. As informações que ele reuniu se mostraram indispensáveis.

Steve sempre disse que "grátis" é uma palavra poderosa, mas eu também sabia que dar algo de graça não garante que as pessoas realmente usarão o produto. Mas quando se tratava de entregar o Mac OS X, tanto Steve quanto eu estávamos muito otimistas. Lembro-me de me encontrar com o gerente de TI de uma escola que me disse quanta pressão ele havia recebido dos professores e depois me mostrou um e-mail de um: "Você fez a transição das máquinas de escrever para os computadores e agora o Mac OS X é o melhor sistema operacional que existe. Então pare de choramingar e comece a apoiá-lo!". Bem, finalmente conseguimos, e os resultados foram fenomenais. "Então, quantos professores acha que aceitarão a oferta?", lembro-me de perguntar a Steve pouco antes de lançarmos a campanha. Ele pensou por um momento e respondeu: "Não sei, provavelmente em torno de 10 a 15 mil". No fim, 500 mil professores em toda a América do Norte aceitaram receber uma cópia gratuita do Mac OS X, mostrando que, por mais ambicioso que fosse, às vezes até ele subestimava nosso sucesso.

Um dos meus momentos mais memoráveis dessa época aconteceu quando recebi um telefonema bastante desanimador de Steve. Pouco depois do lançamento do "X para Professores" e das escolas começarem a instalar o OS X, ele descobriu que o processo de registro dava aos clientes o direito de optar por não fornecer informações pessoais. Eu estava em uma reunião na Universidade de Harvard quando recebi o que parecia ser um telefonema urgente dele. "Que m**** você está fazendo?", ele gritou. Eu não fazia ideia do que ele estava falando e fiquei chocado, porque era muito raro ele ficar chateado comigo.

"O que você quer dizer?", perguntei.

Ele estava furioso.

"Por que diabos está permitindo que as pessoas optem por não fornecer dados para um programa *gratuito*?"

"Porque é a lei", respondi. O outro lado da linha ficou mudo. "Está dizendo que posso desrespeitar a lei?", perguntei.

"Eu, hum… preciso me preparar para uma reunião. Depois te ligo."

Nunca ouvi mais nada sobre o assunto. Embora a mídia constantemente retrate Steve como um ditador implacável, a verdade é que ele respeitava as pessoas que sabiam do que estavam falando, podiam justificar suas decisões e estavam dispostas a enfrentá-lo quando necessário.

iLIFE

No final do século XVIII, o educador alemão Friedrich Froebel descobriu que a melhor maneira de promover a aprendizagem das crianças era através da brincadeira. Seus estudos descobriram que as pessoas são naturalmente criativas e que sua criatividade era mais bem desenvolvida em ambientes educacionais que incluíam materiais (que ele chamava de "presentes") incentivadores do aprendizado por meio de brincadeiras práticas. A ideia era ensinar as crianças pequenas por meio de maneiras que valorizavam e apreciavam, e não de formas que consideravam inúteis e chatas. Foi através dessa lente que decidi voltar parte da atenção da minha equipe em maneiras de construir nossa própria versão digital das ferramentas de Froebel para nativos digitais. Eu via a tecnologia como o equivalente do século XXI às ferramentas de Froebel que tinham a capacidade de incluir várias atividades práticas de aprendizado. Uma das maneiras pelas quais sabia que poderíamos fazer isso era através do pacote de software iLife.

A suíte iLife era uma coleção de aplicativos de software lançados pela Apple no final de 2002, que consistia em vários programas-chave para criar, organizar, editar e publicar arquivos de mídia. A suíte incluía iMovie, iPhoto, iDVD, iWeb e, eventualmente, Garage-Band. A maioria desses programas acabaria sendo pré-instalada em Macbooks, mas nesse momento estavam sendo vendidos como um pacote. De acordo com a taxonomia de Bloom, o modelo mais influente usado para classificar os objetivos de aprendizagem educacional, a *criação* é uma habilidade de ordem superior, e eu sabia que cada um dos aplicativos iLife oferecia aos alunos maneiras de criar e aprender simultaneamente.

O iMovie era um aplicativo de criação e edição de vídeo no qual os usuários podiam criar e editar facilmente seus próprios vídeos com qualidade profissional. Por meio do aplicativo, os alunos podiam aprender facilmente uma habilidade valiosa (ainda mais quando o canal de distribuição de vídeos YouTube foi lançado alguns anos depois) e usar os vídeos que criavam para comunicar sua compreensão de um tópico de maneiras antes reservadas a Hollywood e corporações japonesas.

O iPhoto permitiu que os alunos importassem, armazenassem, organizassem, editassem e imprimissem fotos de maneiras criativas. A máxima comum de que uma imagem vale mais que mil palavras nunca foi tão verdadeira na educação, agora que os alunos tentavam desesperadamente dar sentido a volumes enormes de informação. Ser capaz de encontrar, preparar e adicionar facilmente fotos em apresentações fez uma enorme diferença para alunos e professores.

O iDVD permitiu que os estudantes personalizassem seu próprio DVD com ferramentas como cenários, menus, apresentações de slides e filmes caseiros que poderiam ser reproduzidos em qualquer aparelho de DVD. Foi esse último recurso que meu filho Jonathan usou para montar seu portfólio para se inscrever na faculdade Savannah School of Art and Design (SCAD), que posteriormente lhe rendeu uma bolsa de estudos.

O iWeb era um aplicativo que permitia aos alunos projetar, desenvolver e publicar seus próprios blogs ou sites sem a necessidade de saber codificar, o que era oportuno porque a popularidade da World Wide Web estava começando a explodir, dando a qualquer pessoa com acesso a um computador e um modem a capacidade de publicar algo neste novo mundo digital.

Finalmente, em 2004, o GarageBand foi adicionado ao pacote iLife como uma maneira fácil para os alunos criarem e editarem suas próprias músicas, ao mesmo tempo em que lhes dava a capacidade de adicionar músicas exclusivas aos seus vídeos. Quando combinado com outros aplicativos iLife, o GarageBand, assim como outros aplicativos criativos da Apple, deu aos alunos a capacidade de exibir seus talentos de verdade. Por exemplo, os alunos agora podiam criar e editar fotos (iPhoto), usar essas fotos em um vídeo que criavam e editavam (iMovie), criar e editar a música de fundo para ele (GarageBand), fazer um DVD personalizado (iDVD) e, finalmente, discutir, promover e vender o conteúdo em um site que projetavam e implementavam (iWeb). Era o equivalente digital de um estúdio, palco e plateia.

Quanto mais o potencial de aprendizado criativo do iLife se tornava claro para nós, mais mudamos seu foco especificamente para a educação, o que acabou dando a milhões de alunos acesso a uma importante ferramenta de aprendizado. A suíte criativa, também alinhada com a campanha genial da Apple, acabou se tornando um enorme sucesso e até ganhou um prestigioso prêmio de educação. De sua parte, as ideias de Friedrich Froebel também não eram tão ruins. Ele acabou fundindo suas ferramentas e atividades inovadoras em programas especializados que funcionavam a partir de centros de brincadeiras criativas chamados *jardins de infância*.

iTUNES

Além do Mac OS X e do iLife, outro grande projeto de software quando cheguei na Apple era o iTunes, que tinha uma história interessante. Em junho de 1999, um serviço gratuito de compartilhamento de arquivos de música chamado Napster foi criado pelos empresários Shawn Fanning e Sean Parker. A plataforma forneceu uma das primeiras maneiras para as pessoas baixarem arquivos MP3 de músicas. À medida que a notícia sobre um serviço tão único começou a se espalhar, sua popularidade explodiu e em um ano o Napster tinha mais de 80 milhões de usuários registrados em todo o mundo. Mas o problema é que era ilegal. Ele violava as leis de proteção de direitos autorais de todas as canções listadas, o que enfureceu artistas e editores de música que não estavam ganhando um centavo com sua própria música.

O software Napster inicialmente funcionava apenas no Windows, mas em 2000 foi lançada uma versão Macintosh do serviço chamada "Macster". Embora esta segunda versão tenha tido algum sucesso, não chegou nem perto do que o Napster atingiu. Enquanto Steve, sempre oportunista, observava o sucesso desses aplicativos, percebeu a demanda que existia por streamings de música. Foram esses aplicativos ilegais de compartilhamento de arquivos que abriram o caminho para o lançamento em 2001 de uma versão legal semelhante na forma de uma loja on-line chamada iTunes.

O iTunes oferecia centenas de milhares de músicas individuais por 99 centavos cada, dando aos fãs uma maneira de comprar, classificar e acessar suas músicas favoritas, sem precisar comprar o CD completo. Fiquei intrigado com o aplicativo e sabia que o modelo iTunes continuaria a desempenhar um grande papel no futuro da Apple, mas naquela época a companhia o usava apenas como plataforma de streaming e distribuição de música. Não só não tinha nenhuma outra funcionalidade, mas também foi projetado para funcionar apenas no Macintosh, o que senti que deixou de fora milhões de usuários em potencial.

No começo, eu não tinha certeza das melhores maneiras de aproveitar o iTunes na educação. Embora o "X para Professores" tenha ajudado a trazer o Mac OS X para mais salas de aula, os computadores Macintosh ainda eram caros. Foi um desafio fundamental para nós, que limitou o número de professores com acesso ao programa, mesmo que estivéssemos distribuindo o software gratuitamente. Eu sabia que,

JOHN COUCH E JASON TOWNE

realisticamente, se a tecnologia iria transformar a educação, a Apple precisava oferecer uma linha de produtos mais acessíveis. Felizmente, já tínhamos um produto de consumo barato e divertido.

iPODS

Em 23 de outubro de 2001, um mês após o lançamento da versão Macintosh do iTunes, a Apple também lançou seu tão aguardado reprodutor de música, o iPod. Os iPods eram players de mídia portáteis e precursores do iPod Touch, iPhone e iPad, embora os dois últimos tenham sido lançados apenas seis anos depois. Um dos momentos mais memoráveis da história da Apple aconteceu quando Steve subiu ao palco e apresentou o iPod simplesmente como "mil músicas no seu bolso". Uma frase tão simples, mas no estilo típico de Steve, ele pintou um quadro com palavras que capturou engenhosamente a atenção do público. O iTunes se tornou o software que rodava no iPod e o fazia funcionar, essencialmente o sistema operacional do iPod, usado para transferir músicas e outras mídias de um computador para outros dispositivos compatíveis e vice-versa. Ao contrário do popular Walkman da Sony, que tocava CDs na ordem em que as músicas estivessem gravadas, o iTunes permitia aos usuários criar listas de reprodução individualizadas e mantê-las sincronizadas entre os dispositivos. Em abril de 2003, o iTunes também incluiu a iTunes Store, eliminando a necessidade de os usuários comprarem CDs e DVDs em lojas físicas e permitindo que reproduzissem músicas e filmes instantaneamente.

Desde o começo pensei em maneiras de usar os iPods na educação. Infelizmente, foram banidos da maioria das escolas, provavelmente porque os professores sabiam que os alunos preferiam ouvir música em vez de palestras chatas. Eu acreditava que os iPods deveriam ser considerados uma plataforma para aplicativos muito além da música, mas, antes que isso pudesse acontecer, precisava provar para a Apple. Em particular, queria que Steve considerasse incorporar a funcionalidade de podcasting em iPods para que eu tivesse algo para apresentar como recurso educacional para as escolas.

Então, comecei a pensar mais sobre a tecnologia de podcasting e nas possibilidades que ela poderia trazer para a educação se estivesse mais amplamente disponível. Ela ainda estava no começo na época e, embora possa não ter sido revolucionária, senti que tinha potencial para ser algo grande se coisas como vídeo sob demanda, mensagens instantâneas e aulas interativas fossem adicionadas a ele. Eventualmente, o iTunes U incorporaria todas essas funcionalidades, mas por enquanto ainda estávamos apenas tentando investigar.

Durante uma conferência educacional na Filadélfia, membros da minha equipe de marketing percorreram a histórica rota Liberty Walk e capturaram conteúdo em um podcast. Eles gravaram o guia turístico falando e tiraram fotos de cada ponto de referência ao longo do caminho. Quando voltaram para a Apple, escrevemos o código que juntaria as várias fotos e vídeos em um único podcast. Levei o produto finalizado para nossos engenheiros de software e expliquei como era importante que esse tipo de funcionalidade estivesse disponível em iPods para que eu pudesse convencer os administradores escolares a permitir, se não incentivar, seu uso nas escolas. Os engenheiros adoraram a ideia e concordaram que alguma forma dessa funcionalidade precisava estar disponível no iPod, mas hesitaram em incluí-la como um aplicativo independente. Em vez disso, decidiram adicioná-lo como recurso no GarageBand, como parte do pacote iLife baseado em educação. Era exatamente o que eu precisava para convencer as escolas a repensarem o iPod.

A prova veio no início de 2003, quando Stephanie Hamilton, membro de nossa equipe de marketing educacional, visitou uma escola primária no Alasca. Ela estava andando por uma sala de aula da quarta série, observando os alunos quando se deparou com uma garota de ascendência indígena atualizando um podcast que ela havia postado no qual descrevia sua cultura nativa. Podcasting foi definido na época como "a prática de usar a internet para fazer gravações digitais de transmissões disponíveis para download em um computador ou dispositivo móvel". Quando Stephanie olhou mais de perto o trabalho da garota, ela viu que esse podcast em particular tinha mais de 10 mil visualizações. "Uau", disse Stephanie, "são muitas visualizações. Você é famosa!". Sem tirar os olhos do trabalho, a garota respondeu: "Ah, isso não é nada". Stephanie, que era uma ex-professora, não conseguia acreditar na rapidez com que essas crianças estavam criando e postando conteúdo exclusivo e como pareciam apaixonadas por isso. Ao me contar essa história, ela reafirmou quanto era importante para a Apple encontrar maneiras de apelar aos instintos criativos naturais das crianças.

iTUNES U

Como a equipe de engenharia da Apple apoiou minha ideia de podcast incluindo a funcionalidade no GarageBand, senti-me empoderado para continuar a tentar tirar o máximo proveito da tecnologia do iPod e, mais tarde, do iPhone. Continuei a ver o iTunes como nossa melhor opção para ministrar palestras, conteúdos programáticos e livros e acreditei tanto nele que acrescentei a ideia ao final da minha apresentação "Top 100". Nele, imaginei uma versão do iTunes chamada iTunes U, na qual as salas de aula podiam acessar instantaneamente vídeos educacionais, podcasts, softwares e até conteúdos específicos e capítulos de livros didáticos. O iTunes U, eu sabia, tinha potencial para se tornar uma plataforma de distribuição única que poderia se tornar um complemento importante durante todo o processo de aprendizado.

Ao lançar a ideia para o iTunes U, tive a sorte de Eddy Cue, nosso vp do iTunes, estar disposto a lutar por mim e até concordar em financiar o desenvolvimento do programa. Para não alarmar Steve, decidimos não mencionar isso a ele porque sabíamos que provavelmente diria não, pois queria manter o iTunes como plataforma estritamente baseada em música. Mas sentia que isso era tão importante que se tornou um daqueles momentos em que é melhor pedir perdão do que permissão. Steve só ficaria sabendo sobre o iTunes U muito mais tarde, durante um telefonema do presidente da Universidade de Stanford, que lhe disse quanto os alunos adoravam o programa.

Após o telefonema, Steve começou a reconhecer o iTunes U como um ecossistema de distribuição digital, que poderia ser utilizado como plataforma, por dispositivos de todos os tipos, para um grande número de programas, ferramentas de gerenciamento, comércio eletrônico e, principalmente, educação. Ele, no entanto, disse que "não queria acordar nenhum gigante adormecido", então, em um esforço para manter o programa em segredo, decidiu que não o divulgaríamos abertamente e, em vez disso, confiávamos nas universidades e alunos para espalhar a palavra organicamente.

Foi somente em 30 de maio de 2007 que a Apple anunciou oficialmente o lançamento de nossa primeira iteração do iTunes U, oferecendo a qualquer pessoa acesso gratuito ao conteúdo das melhores universidades. Nosso comunicado de imprensa na época o descreveu como "área dedicada dentro da iTunes Store com conteúdo gratuito, como palestras de cursos, aulas de idiomas, demonstrações de laboratório e visitas ao campus fornecidas pelas principais faculdades e universidades, incluindo as universidades de Stanford, uc Berkeley, Duke e Michigan". Ser capaz de colaborar com essas faculdades e universidades de elite era algo enorme. Era o sonho de centenas de milhares de estudantes frequentar essas instituições, embora apenas alguns fossem aceitos. Agora, o iTunes U entrou em cena, dando a chance de experimentar e aprender diretamente com essas escolas no conforto de sua própria casa. Pela primeira vez, conteúdo educacional e de entretenimento pôde ser carregado em um iPod com um único clique.

Em seu primeiro ano, o iTunes U acabou acumulando mais de 4 milhões de downloads. Em 4 de novembro de 2007, o colunista do *Washington Post*, Jeffrey Selingo, publicou um artigo detalhado sobre a plataforma com o título "O iTunes U é para você?", no qual verificou como Walter H.G. Lewin, um influente professor do MIT, usava o aplicativo. Da noite para o dia, o artigo expôs milhões de pessoas à plataforma, expandindo bastante sua base de usuários.

Ao longo do crescimento inicial do iTunes U, a tecnologia de podcasting capturou a atenção da indústria de tecnologia, mas o podcast em si ainda não havia se tornado popular. Em um esforço para acelerar as coisas, comecei a tentar espalhar a ideia em conferências e feiras. Como uma das maiores feiras comerciais estava prestes a começar, pedi uma vaga para que pudéssemos divulgar o podcasting. Mas os organizadores da conferência recusaram, alegando que estavam lotados e que, mesmo que não estivessem, nunca tinham ouvido falar de podcasting. Acabei os convencendo a nos deixar entrar, mas o único horário disponível era no mesmo horário do coquetel de abertura e, segundo os organizadores, não haveria ninguém para assistir à nossa apresentação. Falei que arriscaria. Na noite do evento, nossa apresentação recebeu tantas pessoas clamando para aprender mais sobre o iTunes U e podcasting que o corpo de bombeiros considerou a situação perigosa e trancou as portas, levando-nos a realizar uma segunda sessão mais tarde. Esse foi o momento em que percebi o sucesso que o podcasting faria.

De acordo com todas as medidas iniciais, o iTunes U foi um sucesso, mas não sem limitações. Por exemplo, grande parte do conteúdo educacional que as universidades estavam produzindo ainda estava na forma de palestras monótonas, que provaram repetidamente ser um modelo altamente ineficiente de ensino e aprendizagem. Também não havia como os usuários do iTunes U interagirem com professores ou outros alunos, um recurso que procurei incluir com vigor. Eventualmente, o grupo iTunes tomou a decisão de separar o áudio da plataforma de seus componentes de vídeo. O conteúdo de áudio foi movido do iTunes para um aplicativo de Podcasts autônomo, e o conteúdo de vídeo foi movido para um aplicativo do iTunes U autônomo.

Ter um aplicativo iTunes U exclusivo era bom e ruim. A boa notícia foi que a plataforma foi atualizada para incluir mais interatividade, o que permitiu que os instrutores se envolvessem muito mais no trabalho de seus alunos. Mas os contras eram muito piores do que os prós. O maior problema era que o iTunes já estava disponível em todas as principais plataformas de sistemas operacionais há anos, então remover o iTunes U do iTunes significou que o iTunes U de repente ficou disponível apenas em dispositivos Apple, limitando significativamente o número de pessoas que podiam acessá-lo. Isso representou um golpe mortal, pois as universidades de repente pararam de adicionar conteúdo. Em 2017, o aplicativo iTunes U foi descontinuado e seu conteúdo passou para o aplicativo Podcasts que, claro, também era exclusivo dos produtos da Apple.

LOJAS DE VAREJO

Finalmente, o quarto grande investimento da Apple que identifiquei desde o início foram as lojas de varejo. No início de 2001, pouco antes de a Apple estar prestes a lançar sua primeira loja física, o VP de Varejo Ron Johnson fez algo que poucas pessoas tinham coragem de fazer: disse a Steve Jobs que ele estava errado. Isso não era algo que víamos com muita frequência na Apple, e a regra tácita era que, se escolhesse fazer isso, era melhor saber do que estava falando e, tão importante quanto, era melhor ter uma solução melhor que a dele.

Nesse caso em particular, Ron sentiu que o layout da loja de varejo que Steve havia projetado estava totalmente errado e sugeriu que, em vez de organizar a loja em torno de nossos produtos, precisava ser organizada em torno de atividades. Após a sugestão, Steve considerou por um momento e depois concordou que era realmente uma ideia melhor. Mas Steve queria ver primeiro e disse a Ron para construir uma loja modelo em um dos prédios vazios da Apple na Bubb Road.

Embora a maioria de nós tenha concordado que era uma boa ideia, alguns sentiram que tinha chegado tarde demais, especialmente considerando que Ron teve que construir uma loja modelo e a grande inauguração da Apple Store estava chegando. Ron deu um jeito e mostrou sua loja modelo para Steve. No dia seguinte, Steve fez o anúncio chocante para a equipe de liderança de que a inauguração da loja seria adiada e que Ron deveria redesenhá-la.

Para Steve, fazer as coisas direito era sempre mais importante do que fazê-las rapidamente, embora fosse famoso por seus prazos irracionais. Qualquer um que observe atentamente a história da Apple verá que raramente fomos os primeiros a fazer *alguma coisa*. Não criamos o primeiro computador, GUI, tocador de música portátil, serviço de streaming de música, celular, tablet ou mesmo o primeiro relógio inteligente. O que fizemos, melhor do que qualquer outra empresa no mundo, foi reconhecer todo o potencial da tecnologia que já existia, fazer produtos melhores do que qualquer um poderia imaginar e integrá-los de maneira que funcionassem perfeitamente juntos. Em outras palavras, na Apple não éramos inventores, éramos *inovadores*. "Não seremos os primeiros a chegar à festa", Steve falou certa vez em uma entrevista. "Mas seremos os melhores." Ron passou a redesenhar com sucesso o layout da loja de varejo e a grande inauguração ocorreu em maio de 2001.

Essa loja acabou ultrapassando 1 bilhão de dólares em receita anual em seus dois primeiros anos. O sucesso da loja levou Steve a anunciar que queria que as lojas da Apple fossem abertas em todo o mundo, e eu soube com certeza que o varejo seria um dos quatro maiores investimentos da empresa, tanto em tempo quanto em dinheiro, no futuro próximo.

Agora eu precisava encontrar maneiras de alavancar o crescimento insano dessas lojas para a educação, então, no final de 2002, abordei Ron e sugeri que trabalhássemos juntos para incluir um aspecto educacional em nossas lojas físicas. Muitas pessoas acharam a ideia ridícula, mantendo a visão tradicional de que as lojas eram para vender produtos, não para ensinar crianças. Mas, como eu vinha discutindo durante todo o meu tempo como VP de Educação, para aumentar as vendas, precisávamos primeiro mostrar às pessoas por que nossos produtos eram importantes. Esse foco no *porquê* foi o mesmo argumento que apresentei para Jim em Atlanta, para Steve na reunião "Top 100", para a fera das vendas e para todos os outros que quisessem ouvir. Ron era extremamente aberto e solidário, e chegamos a um acordo de que sua divisão de varejo e minha divisão de educação se associariam e desenvolveriam o que se tornaria o primeiro programa educacional na loja da Apple – o School Nights.

SCHOOL NIGHTS

O School Nights (Noites de Escola) da Apple foi um programa que deu a oportunidade para os alunos visitarem nossas lojas de varejo à noite e usar de forma gratuita nossos computadores para fazer tarefas, projetos e criar apresentações. Alunos de todo o país estavam se divertindo e aprendendo ao mesmo tempo, uma ótima quebra na rotina. Para encerrar, convidamos seus pais para ver e celebrar esse trabalho digital e aquele se tornou um momento muito especial.

Lembro-me vividamente da nossa primeira noite escolar em que notei uma menina da quarta série com tranças e um boné de beisebol virado de lado. Ela estava trabalhando concentrada em um filme no Macintosh, mas não pude deixar de me perguntar por que ela estava fazendo isso em apenas um quadrado de 2 polegadas quadradas. "Você não quer fazer maior?", perguntei. Sem hesitar, ela balançou a cabeça e disse: "Não posso. Porque se eu aumentar, vai ficar pixelado". *Uau*, pensei, *ela realmente sabe do que está falando*. "Além disso, o arquivo ficaria grande demais para mandar para o meu colega em Beijing", ela completou. Eu estava impressionado, mas não surpreso, porque essa história não é diferente do que aconteceu com a garota indígena do Alasca e seu podcast, com meu próprio filho Kris e seu Apple II e com milhões de outros nativos digitais em todo o mundo.

O programa School Nights continuou pelos anos seguintes e depois se transformou em algo ainda melhor – o Apple Camp, onde as crianças podiam receber aulas gratuitas sobre criação de música, edição de vídeo, robótica, codificação e muito mais ao visitar qualquer loja da Apple. A demanda pelo Apple Camp cresceria tanto que todas as lojas da Apple tinham listas de espera. De certa forma, tornou-se o equivalente a um jardim de infância digital, o que, acredito, deixaria Froebel orgulhoso.

CAPÍTULO 13

O VISIONÁRIO

*"Se você está trabalhando em algo empolgante
com o qual realmente se importa, não precisa
ser pressionado. A visão te puxa."*
STEVE JOBS

STEVE JOBS É AMPLAMENTE CONSIDERADO UM DOS MAIORES VIsionários que já viveu. A revolução que projetou na indústria de computadores pessoais foi apenas o começo dos vários mercados que mudou diretamente ou influenciou indiretamente, incluindo laptops, sistemas operacionais, softwares, reprodutores de música, telefones, tablets, relógios e televisores. Essa lista nem inclui milhares de outros produtos que apareceram por conta da criação de uma plataforma baseada em aplicativos e ecossistema correspondente (App Store), que permitiu que centenas de milhares de empreendedores iniciantes criassem e comercializassem seus próprios produtos. Se levar em consideração as oportunidades criadas por imitadores, as conquistas de Steve se tornam ainda mais impressionantes. Pode-se até argumentar que ele foi responsável pela mais ampla variedade de mudanças tecnológicas na história dos Estados Unidos. Ele era a própria definição de um visionário – alguém com capacidade e coragem para imaginar, desenvolver e comercializar um futuro que não existia.

Às vezes, pessoas como Steve parecem prescientes, sortudas, ou um pouco dos dois. Quando conseguem mudar o mundo, são vistos como "visionários" e "gênios inovadores", mas quando erram, como acontece com todos, são criticados por serem excessivamente otimistas, sonhadores, ou habitantes de um lugar chamado *distorção da realidade*. Esse pequeno termo irritante, implicando que Steve estava fora de contato com a realidade, foi bastante divulgado na mídia. Embora tenha um nome legal, o conceito por trás é falho. Por um lado, só porque algo não é real hoje, quem pode dizer que não será ou não pode ser amanhã? Além disso, só porque algo não parece real para *você*, não significa que não seja. "As pessoas só podem perceber o que veem", disse Ralph Waldo Emerson. Assim como a beleza, a realidade também está nos olhos de quem vê.

Quando se tratava de visão, Steve era excelente em prever a direção que o mundo seguiria com a tecnologia, geralmente bem antes de essa tecnologia existir. Sua intuição estava quase sempre certa, e ele se cercava de pessoas criativas, todas capazes de transformar ideias inovadoras em produtos finais. E se o futuro que imaginava não chegasse tão rápido quanto esperava, simplesmente o criaria. Isso não era novo. Steve tinha esse dom da visão bem antes de eu conhecê-lo. Foi o que o guiou a começar a Apple com Woz em primeiro lugar e foi a razão pela qual me convenceu a deixar a HP e participar de sua revolução planejada.

Embora a visão de Steve fosse geralmente precisa, também era dinâmica. Seu destino raramente mudava, mas os caminhos que tomaria para alcançá-lo evoluíam constantemente à medida que aprendia.

Ao contrário de alguns visionários ao longo da história, ele estava sempre disposto a sair de sua própria bolha e procurar ativamente aprender com os outros. Eu sei que Steve muitas vezes era visto por alguns como egocêntrico, mas, pelo contrário, parecia sempre pronto para aprender com qualquer um que ele achasse que tinha algo a oferecer. Estar aberto e aceitar a ideia de loja de varejo de Ron Johnson foi um bom exemplo, mas havia outros. Uma história menos conhecida que descobri ser um exemplo particularmente bom de que ele foi influenciado por alguém de *fora* da Apple começou com uma conversa que teve com Fred Smith, o CEO de longa data da FedEx.

Sabíamos há algum tempo que Steve tinha um enorme respeito por "Freddy" e, portanto, não foi uma surpresa ouvir que havia se inspirado em algo que ele tinha dito. A maior surpresa, pelo menos para mim, foi a gravidade do assunto. Freddy estava tentando convencer Steve de que a Apple deveria abandonar completamente sua estratégia atual de enviar produtos para vários centros de distribuição nos Estados Unidos. Em vez disso, sugeriu, deveríamos começar a enviar nossos produtos diretamente da linha de montagem para o consumidor.

O que Freddy estava sugerindo naquele avião com Steve não era um pequeno ajuste, mas sim uma grande mudança na estrutura de negócios da Apple que, se instituída, transformaria completamente nosso modelo de operações de negócios. Mas, depois de pensar um pouco, Steve concordou com Freddy e logo já disse a todos nós durante uma reunião executiva que a Apple iria fechar *todos* os centros de distribuição e começar a enviar diretamente para os clientes a partir das linhas de montagem. Todos ficamos chocados. Ninguém esperava por isso, especialmente os responsáveis pela supervisão da distribuição, que rapidamente perceberam que poderiam acabar desempregados. Alguns executivos da Apple questionaram discretamente a decisão de Steve na época, mas a medida levou à criação da Mac Factory que, com o tempo, melhorou significativamente nossos resultados. É claro que, com todos esses novos envios, a FedEx também não se saiu tão mal.

GRANDES INFLUÊNCIAS

Já foram lançados toneladas de livros, shows e artigos abordando pessoas consideradas grandes influências de Steve. Alguns dos mais mencionados eram o fundador da Intel, Robert Noyce; o fundador da Oracle, Larry Ellison; e quase todo mundo da campanha "Pense Diferente". O Steve que eu conhecia sempre queria se encontrar e aprender com aqueles que respeitava, e frequentemente compartilhava com a gente as coisas que aprendia. Nas minhas conversas com ele, os três influenciadores de que mais falava eram o fundador e ex-CEO da Sony, Akio Morita; o cofundador da Hewlett-Packard, Bill Hewlett; e, especialmente quando se tratava de criatividade, Walt Disney.

Steve costumava falar sobre como conheceu Akio Morita na sede da Sony no Japão, quanto admirava seus instintos de negócios e como ficou emocionado quando descobriu que o sentimento era mútuo. Ele nos contou sobre como o reverenciado líder da Sony havia lhe dado um tour pessoal pela Sony e como, durante visitas subsequentes ao Japão, casualmente andava pela companhia conversando com funcionários. Com o tempo, os dois líderes formaram um vínculo especial que durou até a morte de Akio em 1999, aos 78 anos. Os resultados de seu vínculo puderam ser vistos bem após a morte de Akio, pois a Sony e a Apple continuaram a manter uma sólida relação comercial e até trabalharam juntas em vários projetos importantes. Eu não estou a par das especificidades do relacionamento de Steve e Akio, mas sei que Steve ficou fascinado com a maneira como o líder mais velho construiu e dirigiu a Sony, porque teve uma grande influência na maneira como Steve construiu e dirigiu a Apple.

A segunda pessoa que influenciou bastante Steve foi meu antigo chefe na HP, Bill Hewlett. Nos primeiros dias na Apple, Bill parecia ser o que mais influenciava diretamente Steve. Foi para ele que Steve ligou quando, adolescente, pediu peças de computador sobressalentes, e foi Bill quem o deu seu primeiro emprego como estagiário na construção de contadores de frequência em uma linha de montagem da HP. Depois que entrei na Apple, Steve perguntou se eu poderia apresentá-lo pessoalmente a Bill e rapidamente marquei uma reunião. Nunca esquecerei quanto me senti honrado e sortudo ao entrar no escritório de Bill, apresentando dois dos homens que mais respeitava. A reunião foi um grande negócio para Steve, porque ele nunca havia encontrado Bill cara a cara, tendo apenas falado com ele pelo telefone. A certa altura, contei a ele sobre a última reunião que tive com Bill, na qual ele compartilhou comigo uma importante lição de negócios: "Mais empresas falham por indigestão do que por fome". Em outras palavras, a chave para a sobrevivência era manter as coisas tão simples e definidas quanto possível e nunca assumir mais do que o necessário. Steve levou essa filosofia a sério ao longo de seu tempo na Apple. Anos depois, seria amplamente citado por transmitir sua própria variação da frase: "Fico tão orgulhoso dos oito projetos que não fazemos quanto dos dois que fazemos".

A principal razão pela qual acredito que Steve ainda é considerado um visionário tão notável é quão criativo ele era e sua capacidade inata de pensar fora da caixa. Quem mais inspirou sua criatividade é uma questão digna de debate, mas sei com certeza que uma pessoa-chave foi o lendário animador e empresário Walt Disney. Sempre que Steve queria provar um ponto envolvendo criatividade, costumava mencionar e citar Walt para mim em particular e durante as reuniões semanais de executivos da Apple. Em uma dessas reuniões, Steve foi questionado sobre seus pensamentos sobre a Microsoft copiar descaradamente quase tudo o que estávamos fazendo na época. Sua resposta foi compartilhar conosco uma de suas citações favoritas de Walt Disney. Sempre que perguntavam a Walt seus sentimentos sobre artistas imitadores, ele respondia: "Se eu gastar meu tempo me preocupando com isso, não terei tempo para ser inovador!".

Walt já estava na indústria muito antes de Steve, mas sempre senti que Steve acreditava de alguma forma que poderia canalizar um pouco da criatividade de Walt ao projetar os produtos da Apple. Também acredito que a admiração de Steve por Walt foi um fator essencial em sua decisão de vender a Pixar para a The Walt Disney Company, um movimento que o tornou o maior acionista individual da Disney e o colocou diretamente dentro da casa que Walt construiu.

ANIMAÇÃO VERBAL

Embora Steve nunca tenha sonhado em ser um animador como Walt Disney, sempre foi um mestre em pintar cenas com suas palavras, ou mestre do que eu chamo de *animação verbal*. Ele tinha uma estranha habilidade de inspirar a todos nós com o seu criativo uso

JOHN COUCH E JASON TOWNE

de palavras. Sempre usava metáforas, analogias, surpresas e dramas na hora de contar histórias, de forma que simplificava os conceitos mais complexos. Eu reconheci essa habilidade nele desde o momento que compartilhou comigo a metáfora da bicicleta mental do artigo da *Scientific American*.

Outro exemplo da animação verbal de Steve foi a primeira vez que apresentou o iPod para o mundo. Não começou explicando sobre a tecnologia da música ou as especificações únicas do iPod. Simplesmente falou que esse pequeno aparelho colocaria "mil músicas no seu bolso". Curto, doce e simples. Ele fazia esse tipo de coisa em quase todos os seus discursos e qualquer hora que precisasse explicar uma ideia ou questão complexa. Era bom em apresentações, não importava se fosse para dezenas de funcionários em uma reunião de equipe, para milhares de alunos em um discurso de formatura ou para milhões de pessoas assistindo à apresentação de um novo produto.

Uma das minhas histórias preferidas para destacar as habilidades de animação verbal de Steve aconteceu na Universidade de Stanford em 1983, onde nós dois estávamos apresentando o que chamamos de "almoço na marmita". Para espalhar as ideias da Apple e, ao mesmo tempo, buscar novos talentos, ele montava barracas dentro das salas de aula da universidade. Os alunos traziam suas marmitas e comiam enquanto nos perguntavam o que queriam sobre a empresa. Durante uma dessas visitas, um aluno nos perguntou que tipo de pessoa a Apple estava buscando contratar. Minha mente analítica instantaneamente começou a pensar sobre coisas do tipo "alguém com um diploma de engenharia da computação" ou talvez "alguém com um MBA se for para uma vaga de marketing". Mas antes de abrir minha boca, Steve disse: "Pense em um sundae". Eu olhei para ele, tentando entender aonde queria chegar. "Não são as duas bolas de sorvete de baunilha que fazem a diferença", continuou. "Não é a calda de chocolate ou o chantilly também. Na verdade, não é nem a cereja." Ele fez uma longa pausa. Eu não sabia do que ele estava falando. "Sabe o que é?", ele finalmente completou. "É o xerém. É isso que estamos buscando para a Apple, estamos buscando aquelas castanhas que se destacam, que adicionam valor ao sundae."

Em outras palavras, não estávamos só buscando os melhores para a Apple, também precisavam ser malucos o suficiente para *pensar diferente*. A metáfora do sundae instantaneamente pintou uma figura nas mentes dos alunos que, de repente, queriam trabalhar para a Apple. Por causa de sua destreza na animação verbal, Steve nunca precisou de muitas palavras para provar um ponto, apenas as certas.

PESQUISA DE MERCADO

Outro exemplo de animação verbal de Steve acontecia frequentemente durante nossas reuniões com os executivos de marketing. Ele nunca prestava atenção em pesquisas de mercado e raramente contratava consultores externos. Várias vezes me lembro de Steve citando Bill Hewlett e dizendo: "Pesquisa de mercado só é válida quando está avaliando mercados existentes". Seu ponto era que, embora esse tipo de pesquisa fosse boa para analisar mercados atuais, eram praticamente inúteis para nós, que estávamos tentando criar novos mercados. Isso não quer dizer que não fazíamos pesquisas, eram só de outro tipo. Pesquisas tradicionais de mercado perguntam para as pessoas o que elas pensam que *querem* e dizem para as empresas quais produtos desenhar e produzir para suprir aquela demanda. Steve prestava pouca atenção no que as pessoas queriam, optando por focar no que ele acreditava de que elas *precisavam*, soubessem disso ou não. Isso não era diferente da teoria de Henry Ford mencionada anteriormente sobre por quê, quando estava construindo seus carros, nunca perguntou ao público o que queria. "Porque eles só falariam que queriam um cavalo mais rápido!"

Esse tipo de pensamento era constantemente colocado na mente dos executivos da Apple, então Steve não ficava feliz quando um de nós falava sobre os resultados das pesquisas de mercado. De uma maneira não tão sutil, ele nos lembrava que nossa energia deveria estar focada em criar novos mercados. Uma das maneiras que tinha para ilustrar esse ponto era através de uma analogia de um alvo. Ao invés de desenhar círculos concêntricos e, em seguida, lançar um dardo no alvo, ele lançava o dardo *primeiro*, apontava e dizia: "Este somos nós". Então desenhava os círculos concêntricos em volta do dardo e dizia: "Nossos competidores podem jogar o próximo".

LACUNA VISIONÁRIA

Embora Steve parecesse gostar da ideia de ser um visionário inovador e criativo, acho que percebeu que esse papel também trazia várias desvantagens. Uma era que sempre recebia expectativas incrivelmente altas de que acertaria as coisas. Mesmo o menor passo em falso público resultaria em, muitas vezes injustas, surras por parte dos concorrentes e da mídia. A implicação era que "gênios" deveriam ser inteligentes, e que pessoas inteligentes não fazem coisas estúpidas, portanto, se fazem coisas estúpidas, então talvez nunca tenham sido gênios. É uma falácia de associação comum, incrivelmente errada, para não dizer estúpida. A verdade é que os gênios erram o tempo todo, e eu diria até que errar é um *requisito*. Uma das minhas citações preferidas sobre isso vem de Thomas Edison que, junto com Einstein, foi uma das pessoas mais inteligentes que já viveu. Edison disse: "Eu não falhei. Eu só encontrei 10 mil outras maneiras que não funcionaram". Felizmente, o Steve que conheci nunca se importou com o que as pessoas pensavam ou se elas concordavam com ele ou não, se gostavam ou não de suas ideias. Na sua cabeça, a história era o único juiz que importava.

Outro desafio que Steve teve foi que pensava muito mais adiante do que outros, que raramente conseguiam acompanhá-lo. Isso acontecia muito durante conversas nas quais parecia estar funcionando em uma realidade diferente do que a pessoa com quem estava falando. Ele continuava falando com a pessoa, assumindo que o entendia porque o que dizia era óbvio demais para ele. Por não querer parecer idiota, a pessoa com quem estava falando só sorria e acenava na tentativa de esconder sua confusão. Mas isso transformava a conversa em um monólogo, e Steve não gostava disso, pois estava interessado em receber mais do que dar durante uma conversa. Essa

STEVE JOBS E EU: MINHA CARREIRA NA APPLE

lacuna visionária era frustrante para ele e, quando a frustração se juntava com sua notável falta de paciência, às vezes a situação ficava feia, o que levava à cobertura negativa da mídia.

Durante os anos, Steve recebeu uma reputação negativa de ser o tipo de chefe que sempre gritava e humilhava seus funcionários ao ponto de chorarem. Esses retratos eram bons para a imprensa, mas dizer que são exagerados seria um eufemismo. Ele era teimoso, às vezes rude e definitivamente impaciente, especialmente quando se tratava de pessoas que achava que não estavam fazendo seu trabalho ou não sabiam do que estavam falando. Steve tinha o que chamo de "baixa tolerância para tolos". O que poderia parecer para as pessoas de fora como "mau" era na verdade extremamente contundente. Ele nunca teve medo de dizer exatamente como se sentia e acreditava que fazer isso era a melhor e mais rápida maneira de transmitir a intensa paixão que tinha pelo que quer que estivesse fazendo. É a mesma razão pela qual as pessoas xingam – é uma maneira poderosa de enfatizar o que estamos tentando dizer, mesmo que isso signifique ser um pouco beligerante. Mas apesar dos rumores, não me lembro de Steve *gritando* com a gente, principalmente porque não precisava.

O motivo de não precisar era que todos nós tínhamos um respeito enorme por ele, então saber que ficaria decepcionado com algo que falamos ou fizemos (ou deixamos de fazer) era o suficiente para nos manter espertos. A franqueza contundente era típica de Steve, mas nunca foi feita para ser humilhante. Acho que ele resumiu melhor quando foi questionado sobre isso em uma entrevista: "Sou brutalmente honesto, porque o preço para estar na sala comigo é que posso dizer que você está falando merda se está falando merda, e você pode me dizer que estou falando merda, e temos algumas brigas estrondosas". Ele continuou, explicando como eliminou os "palhaços" dos jogadores B dos jogadores inteligentes A, e como "as pessoas que sobrevivem [na Apple] dizem que foi a melhor experiência que já tiveram, e não desistiriam por nada". Eu concordo totalmente.

NÍVEL DE PACIÊNCIA

Outra razão pela qual acho que Steve sempre foi tão direto tinha a ver com confiança. Por mais que fosse um guru do marketing, nunca confiou em vendedores ou em qualquer outra pessoa com uma visão que não reconhecesse, com que não concordasse ou com a qual não se identificasse. As pessoas que lidavam com ele tanto profissional quanto pessoalmente perceberam logo que apenas não dava para enganá-lo. Aprendi isso no meu primeiro dia na Apple, quando Steve estava sentado descalço naquela mesa, inspecionando a impressora na frente de seu vendedor e dizendo: "Isso é uma merda", antes de mandá-lo embora. Na época, tive a sensação de que Steve não apenas odiava o produto, mas também considerou um sinal de desrespeito tentarem vendê-lo para ele. Senti que, na mente de Steve, os fabricantes do produto *deviam* saber que não era de alta qualidade e mesmo assim tentaram vender. Se ele visse isso como enganação descarada e um tapa na cara, então ele iria brigar e dar um tapa de volta.

Steve também odiava desculpas. Sempre nos desafiou a fazer melhor e acreditava firmemente que, se algo fosse importante o suficiente, encontraríamos um caminho. Em reuniões, sempre que um dos executivos da Apple não fazia algo que Steve esperava, ele perguntava por que e, se essa resposta viesse em forma de desculpa, dava uma bronca na hora, sem um pingo de simpatia. Durante uma de nossas reuniões executivas de marketing, lembro-me de alguém dando uma desculpa quando Steve o interrompeu: "Sabe, quando entrei em meu escritório esta manhã, notei que meu lixo não havia sido esvaziado, então liguei e perguntei ao zelador por que não havia sido esvaziado. Ele me disse que não tinha a chave do meu escritório". Steve olhou silenciosamente ao redor da sala para nós pelo que pareceu uma eternidade. Estávamos todos confusos, sem saber aonde ele queria chegar. "O *zelador* pode ter uma desculpa, mas todos vocês não têm esse luxo! Todos vocês são *vice-presidentes* e não têm desculpas." Entendemos o que ele queria dizer, em alto e bom tom.

Outra coisa que Steve não permitia eram apresentações ou explicações prolongadas tentando justificar algo. "As pessoas que sabem do que estão falando não precisam de PowerPoint", ele nos dizia. Todos nós da Apple sabíamos que, se você fosse participar de uma reunião em que Steve estivesse, com certeza saberia do que está falando e seria capaz de explicar em menos de um minuto ou estaria frito. Ele era notório por não apenas interromper, mas assumir completamente apresentações abaixo da média, instruindo a pessoa que as fazia a apenas sentar e calar a boca. O fato é que a Apple sempre foi uma empresa que se movia rapidamente, e aqueles que Steve achava que não conseguiam acompanhar foram rapidamente deixados para trás.

ENFRENTANDO STEVE

A maioria de nós na Apple sabia que, na mente de Steve, todo mundo era ou gênio ou idiota, e não havia espaço para o meio-termo. Mas ele também acreditava que alguém poderia ser essas duas coisas em momentos diferentes. Até admitia de vez em quando que estava errado sobre alguém ser idiota. Isso não acontecia com muita frequência. Quando acontecia, quase sempre era depois que alguém que sabia do que estava falando tinha coragem de enfrentá-lo. Não se engane, enfrentá-lo não era fácil. Ao fazer isso, tínhamos que estar *muito* confiantes do que estávamos dizendo se quiséssemos continuar trabalhando para ele.

Já compartilhei um exemplo de como enfrentar Steve com sucesso, quando Ron Johnson argumentou que a Apple Store precisava ser redesenhada e Steve concordou. No entanto, um exemplo mais pessoal aconteceu nos primeiros dias da companhia, pouco depois de eu ter contratado uma jovem para gerenciar a operação de treinamento para a apresentação do Lisa. Um dia, Steve foi até ela e perguntou o que ela estava fazendo. O que quer que tenha ocorrido nessa conversa o levou a me ligar às 2 da manhã, insistindo que eu a demitisse. Mas era uma boa funcionária e uma boa pessoa, e eu não tinha motivos para demiti-la. Disse a Steve que ela era uma ótima trabalhadora, que trabalhava para mim, e se ele quisesse demiti-la, deveria me demitir primeiro e depois demiti-la. Ele ficou em silêncio por um momento e depois desligou na minha cara. Alguns meses depois, ele me ligou para se gabar da mesma senhora ser uma ótima gerente de treinamento. Eu ri e rapidamente o lembrei que ele queria que ela fosse demitida! Eu só enfrentava Steve assim quando tinha certeza a respeito de algo (ou alguém) e, no caso, ele percebeu que eu estava certo.

Existem vários outros exemplos de outros que enfrentaram Steve, mas o mais engraçado de que me lembro envolveu Eddy Cue. Eddy estava trabalhando na área de TI e recebeu autorização para propor uma loja on-line. Ele era um jovem confiante e veio para a reunião muito preparado. Durante sua apresentação, Steve o interrompeu, como era conhecido por fazer, e perguntou, confuso: "Hum, quem é você?". Ele olhou ao redor da sala, aparentemente em busca de alguma resposta, mas todos ficaram em silêncio. Ele se virou para Eddy, prestes a responder, e falou: "Olha, sente-se, você não tem ideia do que está falando".

Relutantemente, Eddy fez o que lhe foi dito, mas as pessoas podiam dizer pelo seu olhar que ele realmente queria terminar aquela apresentação. Steve então se levantou e começou a falar sobre o mesmo assunto. A certa altura, enquanto Steve ainda estava falando, Eddy o interrompeu para apontar uma coisa positiva que ele havia feito e que achava que Steve havia pulado. Todos assistiram, incrédulos. Quando Eddy, claramente nervoso, terminou de falar, Steve apontou para ele e disse: "Achei que tinha dito para se sentar e calar a boca". Eddy se desculpou e Steve voltou a apresentar.

Minutos depois, Eddy o interrompeu pela segunda vez com um rápido esclarecimento. Steve lançou-lhe um olhar furioso, mas não contestou o ponto de vista de Eddy. Steve mais uma vez voltou a apresentar e, momentos depois, Eddy o interrompeu *mais uma vez*, para acrescentar o que ele acreditava ser uma boa ideia. Steve estava incrédulo, mas mais uma vez o deixou terminar. Quando Eddy acabou, poderíamos ver que ele estava preparando seu currículo na cabeça. Mas, dessa vez, em vez de Steve interromper Eddy, ele fez uma pausa longa e disse: "Sabe de uma coisa… Você está certo. Essa é uma ideia muito boa".

Eddy Cue é um exemplo de que, se alguém na Apple realmente soubesse do que estava falando e acreditasse o suficiente para lutar por isso, ganharia o respeito de Steve. Eddy acabaria se tornando vp Sênior de Software e Serviços e um dos líderes mais poderosos e influentes da empresa. O ponto é que visionários como Steve geralmente têm uma baixa tolerância para tolos, mas aqueles que são capazes de ganhar sua confiança e respeito quase sempre conseguem ficar por perto.

CAPÍTULO 14

O STEVE QUE EU CONHECI

"Ser o homem mais rico do cemitério não me importa.
Ir para a cama à noite dizendo que fizemos algo
maravilhoso, isso é o que importa para mim."
STEVE JOBS

Por baixo da persona pública de Steve como visionário, havia outro Steve, um mais pessoal, que poucas pessoas tiveram a oportunidade de conhecer. É esse Steve que a maioria das biografias e filmes falharam em capturar ou, na maioria das vezes, erraram. Para aqueles que o conheciam, a maioria das caracterizações era exagerada e às vezes pura ficção. Eu teria que concordar com meu amigo, Steve Wozniak, que ainda diz a quem pergunta, que a precisão histórica da maioria desses relatos é "pura e autêntica besteira!". Muitos dos retratos populares colocaram muito foco no que percebem como sendo seus aspectos negativos e o fazem parecer um capataz implacável. Mas, como mencionei, esse certamente não era o Steve que eu conhecia, e se eu tivesse que escolher uma única palavra para descrever seu lado pessoal, seria *complexo*.

Ele podia ser seu maior apoiador e simultaneamente seu maior crítico. Houve momentos em que elogiava e lutava por você publicamente, mas o criticava em particular. Mas sempre foi firme em sua abordagem e poderia facilmente justificar suas razões para ter expectativas tão altas, explicando em uma entrevista: "Meu trabalho não é ser legal com as pessoas. Meu trabalho é torná-las melhores". Suas complexidades vieram através de uma vasta gama de traços, comportamentos e características. Ele era apaixonado, criativo, não convencional, determinado, direto, desafiador, impaciente, engraçado, atencioso, agradecido e, sim, imperfeito – tudo junto. Todos que existiam na órbita de Steve o conheciam de maneira diferente, e cada um de nós compartilhou coisas sobre ele que outros nunca souberam.

VINTE ANOS DE AMIZADE

Ao ligar os pontos ao longo da minha vida profissional, aqueles que ofuscaram todos os outros foram claramente minhas duas passagens pela Apple. Ambos mudaram minha vida, mas como diz o ditado: "A vida não é sobre o que você experimenta, é sobre com quem a experimenta". Tive a sorte de ter tido a oportunidade de vivenciar a minha com um dos maiores visionários de todos os tempos. Mesmo sendo o líder da Apple, sempre fez parecer que eu era um colega e me via como um recurso valioso para a empresa e para ele, pessoalmente. Isso sempre significou muito para mim e é algo de que nunca vou esquecer.

Steve era um líder e mentor extraordinário, mas também o considerava um bom amigo. No entanto, nunca foi óbvio se via alguém na Apple, inclusive eu, como amigos em vez de colegas. Costumávamos conversar sobre assuntos não profissionais de maneira amigável, mas eu ainda não tinha certeza de que ele realmente me considerava um *amigo* – até um jantar em Paris comemorando a abertura da primeira Apple Store da cidade.

Dezenas de executivos da Apple lutavam por uma chance de sentar ao lado de Steve durante o evento, ou pelo menos de chamar sua atenção. Eu estava sentado do outro lado da mesa com um humor excepcionalmente bom, porque amo Paris e ainda estava animado com a cerimônia de abertura. Então, para minha surpresa, ele pegou uma taça de vinho (algo que eu *nunca* o tinha visto fazer), olhou para mim e disse: "John, um brinde aos vinte anos de amizade". Eu nunca soube ao certo por que ele disse isso naquele momento específico. Não havia nada de especial acontecendo entre nós naquela noite que pudesse ter justificado um comentário tão positivo, mas com certeza foi bom ouvir. Também foi um momento que nunca esquecerei, porque raramente o ouvi se referir publicamente a qualquer um de seus colegas dessa maneira. Ele simplesmente não fazia coisas assim. Ele *era* uma pessoa complexa.

Steve disse outra coisa legal quando minha ex-esposa, Tara, e eu estávamos participando de uma apresentação de produto nas instalações da Apple, em Cupertino. Desde o lançamento do Macintosh, a Apple revelou novos produtos de maneiras inesquecíveis. Steve sempre teve um talento para o marketing extravagante, e eu estava animado por levar Tara comigo nesse. Por mais que ela tenha me ouvido falar sobre ele ao longo dos anos, ainda não o tinha conhecido pessoalmente, então, depois que o evento terminou, eu a levei até ele e os apresentei. Ele foi muito gentil e, depois de compartilhar gentilezas, colocou o braço em volta do meu ombro e disse: "Tara, ele é um homem bom". Foi outro momento tocante pelo qual não esperava e outro pequeno sinal de agradecimento que significou muito. Agora, tenho certeza de que esses comentários podem soar superficiais para muitas pessoas, mas a verdade é que era o tipo de coisa que Steve nunca dizia.

PROBLEMAS DE CONFIANÇA

Houve um momento pessoal que aconteceu entre mim e Steve que acredito esclarecer sua complexidade de maneiras que muitas pessoas não entendem. Em 1982, estávamos viajando juntos pela Europa e, ao embarcar em um avião na Itália, o piloto de repente anunciou que havia uma ameaça de bomba e deveríamos ficar sentados enquanto tiravam as bagagens do avião. Nos entreolhamos, confusos, pois nenhum dos dois tinha passado por esse tipo de situação antes. A ameaça de bomba era séria, concordávamos, mas a nossa maior dúvida era: "Por que estão tirando nossa *bagagem* do avião? Eles não deveriam tirar a gente?". Foi um momento bastante enervante para os dois.

Enquanto esperávamos o que parecia ser uma eternidade, Steve virou para mim e disse: "Sabe, John, eu realmente te admiro. Você trabalha tanto quanto eu e ainda assim está casado e feliz com sua família. Eu gostaria de me casar e de ter uma família também". Era raro ele falar sobre coisas tão pessoais. Mas o que me chocou foi o que veio em seguida: "Onde você acha que posso encontrar uma boa esposa?".

Não sabia dizer se Steve estava falando sério ou apenas tentando nos distrair da situação, mas percebi que estava esperando uma resposta. Até aquele momento, eu nem sabia que essas coisas passavam pela sua cabeça, pois sempre foi obcecado por trabalho e nunca encontrou tempo para outras coisas, muito menos uma família! "Bem, não sei, Steve", falei. "Eu conheci minha mulher na faculdade, mas você não fez faculdade. Talvez conseguisse conhecer alguém na igreja, mas você não vai à igreja." Eu pensei em alguns outros possíveis cenários antes de finalmente chegarmos à conclusão de que era impossível. O motivo de ser tão difícil encontrar alguém, ele achava, era que nunca sabia dizer se a pessoa estava interessada nele por conta do seu dinheiro ou se realmente gostava *dele*.

Depois dessa conversa, percebi que não tinha uma vida pessoal não porque não desejasse uma, mas porque tinha muita dificuldade de confiar nas pessoas. Ficou evidente que uma das maiores desvantagens de ter uma enorme riqueza ou status de celebridade generalizada é a solidão. Anos depois, quando Steve sabia que o fim estava chegando, ele me ligou e tivemos uma longa e agradável conversa. A coisa mais memorável que me disse durante essa ligação foi: "John, você é uma das pessoas mais confiáveis que conheço". Sabendo que ele tivera tantos problemas de confiança com as pessoas durante sua vida, significou muito. Comentários como esses podem parecer triviais para algumas pessoas, mas aqueles que conheciam Steve sabiam que dar elogios e expressar emoções positivas não era seu forte. Portanto, quando dizia coisas desse tipo, mesmo que tão pequenas, deveria significar muito para ele, assim como significou para mim.

Depois da IPO da Apple no final de 1980, eu lembro quão felizes estávamos que tinha sido um sucesso e que todos aqueles anos de riscos, sacrifícios e muito trabalho tinham valido a pena. Eu diria que uma das maiores recompensas da IPO, para a maioria de nós na Apple, veio na forma de validação de que realmente havia um mercado viável para o computador pessoal. Sempre soubemos que estávamos fazendo algo especial que *podia* mudar o mundo, mas não tínhamos certeza de que o potencial também era reconhecido pelo resto do mundo. Tanto Steve quanto a Apple recebiam muitas críticas na época, e muitos nos viam como uma aspirante a startup tentando competir em um mercado com os "grandes", como DEC, HP e IBM. Mas nós lá de dentro sabíamos que não era isso, e o sucesso da nossa IPO foi a comprovação – especialmente para Steve.

Uma das coisas mais interessantes sobre o processo da IPO foi como as pessoas nos tratavam de maneira diferente. A mídia e grande parte do público pareciam se importar mais com a nossa recém-descoberta riqueza do que com nossos produtos. Associados que mal falavam conosco antes agora se tornaram milagrosamente nossos "melhores amigos". As coisas ficaram confusas por um tempo.

Depois da minha viagem de avião com Steve, lembrei desse tempo confuso e percebi que ele, sendo figura pública, deveria se sentir assim o tempo *todo*. Então, quando me perguntou onde poderia achar uma esposa, na verdade estava me perguntando como *confiar* em alguém.

NUNCA SOBRE DINHEIRO

Para algumas pessoas, ficar rico é uma meta, em vez de um meio para o fim. Mas muitas dessas pessoas não têm a visão, paixão e persistência necessárias para sustentar as falhas inevitáveis no meio do caminho. É muito mais difícil atingir sucesso quando se está focando em um resultado específico (recompensa financeira, por exemplo) do que no processo. Steve nunca se importou em ficar rico. Durante todos os anos que convivi com ele, nunca o ouvi falar sobre a importância da riqueza pessoal. Seu foco sempre esteve em fazer os melhores produtos possíveis e colocá-los nas mãos de pessoas que achava que precisavam disso. Ironicamente, eu acreditava que focar tão pouco em dinheiro era um dos motivos pelos quais ele acabou com tanto. Como diz o antigo ditado: "Se você cuidar do ponto de partida, o resultado final cuida de si mesmo".

Sabia desde o começo que Steve não estava nisso pelo dinheiro, mas realmente minha ficha só caiu depois da IPO. Nós dois morávamos em Los Gatos na época e nossas casas eram bem perto. Sua casa sempre era impecável, mas também um pouco vazia em termos de móveis. Na verdade, ele não tinha muitas coisas além de uma pintura de Maxfield Parrish, um abajur da Tiffany, um aparelho de som sueco, um colchão no chão e uma cômoda com três gavetas. Um dia, fui andando até a casa dele e vi um pedaço de papel em seu gramado. Era algo incomum, porque ele mantinha o gramado tão limpo quanto a casa. Eu peguei o papel e joguei no lixo, mas quando vi o que realmente era, fiquei chocado. O "lixo" na verdade era um certificado de ações da Apple de 7,5 milhões de ações, que na época valia aproximadamente 400 milhões de dólares. Eu bati na porta de Steve e quando ele abriu, entreguei o certificado e falei: "Acho que isso é seu". Ele olhou, deu risada e disse: "Obrigado, acho que deve ter voado pela janela ou algo do tipo". Então ele casualmente abriu a primeira gaveta da cômoda e jogou lá dentro.

Foi então que percebi que ele *realmente* não se importava com dinheiro. Anos depois, durante uma entrevista sobre educação, ouvi um repórter perguntar especificamente sobre sua riqueza. Steve se livrou da pergunta com um gracejo esperto sobre como dinheiro só é usado pelas pessoas como "parâmetro" e, de uma só vez, mudou a conversa para algo com que realmente se importava: estudantes. "A coisa mais legal foi que, em 1979, consegui entrar em salas de aula com 15 computadores Apple e vi as crianças usando-os", disse. "*Isso* é o tipo de coisa que considero um marco." Esse era o Steve que eu conhecia.

Trinta e um anos depois de encontrar o certificado de ações no gramado de Steve, fui convidado para seu memorial na capela de Stanford. Lá estava Larry Ellison, o cofundador da Oracle e um dos parceiros de negócios próximos de Steve. Larry é tão rico que faz outros milionários se sentirem pobres perto dele. Na época, de acordo com a revista *Forbes*, era a quinta pessoa mais rica do mundo, com um patrimônio líquido de 40 bilhões de dólares. Em julho de 2020, ele valia pouco mais de 72 bilhões de dólares.

Larry era membro do conselho da Apple e amigo de Steve havia anos, então não foi uma surpresa vê-lo no funeral, querendo dizer algumas palavras sobre o Steve que *ele* conhecia. Uma das histórias que compartilhou naquele dia me lembrou muito daquele certificado de ações perdido. Ele falou sobre como ele e Steve tinham casas no Havaí e como um dia estavam andando pela praia discutindo se Steve deveria ou não voltar para a Apple. Larry disse a ele que, com seu patrimônio líquido combinado, poderiam comprar a Apple e ganhar muito dinheiro. Ele disse que Steve parou de andar, olhou para ele e disse: "Larry, não precisamos de mais dinheiro. Eu preciso fazer isso porque é a coisa certa a se fazer". Não surpreendentemente, Steve sentia o mesmo em relação ao dinheiro aos 55 do que aos 25 anos.

FILANTROPIA SILENCIOSA

Após a aposentadoria de Bill Gates da Microsoft, ele se tornou um filantropo em tempo integral ao iniciar a Fundação Bill e Melinda Gates. Hoje, merece tanto crédito e reconhecimento público pelo bem que sua fundação faz quanto por fundar e administrar a Microsoft. Por outro lado, Steve raramente recebia atenção do público por suas doações e, em alguns casos, até recebia atenção *negativa* por supostamente não doar o suficiente! Ainda hoje, muitas pessoas não percebem que Steve era na verdade um filantropo ativo que doou milhões para causas com as quais se importava, que incluíam organizações sem fins lucrativos, eventos de caridade, indivíduos que precisavam de ajuda e para a pesquisa e desenvolvimento de tratamentos para doenças graves como câncer e AIDS.

A principal razão pela qual a maioria das pessoas não sabe muito sobre suas ações de caridade é porque ele não queria que soubessem. Enquanto Bill Gates é um filantropo público, Steve Jobs era um filantropo privado, que preferia fazer doações silenciosas e anônimas. Muitas pessoas e empresas ricas doam para causas e organizações e também aceitam alegremente os benefícios que advêm disso. Coisas como elogios públicos, boa vontade, imagem de marca e reconhecimento de marca são exemplos comuns, mas também coisas mais tangíveis, como redução de impostos, lugares em conselhos e até edifícios inteiros com seus nomes. De fato, há muitos benefícios em ser um filantropo público, mas Steve nunca sentiu como se precisasse de aceitação pública.

Não tenho nada contra a filantropia pública e já pratiquei. Sinto que, quanto mais pudermos fazer para ajudar, melhor, mas também acho importante pelo menos reconhecer a diferença entre filantropia pública e o que chamo de "filantropia silenciosa". Steve às vezes falava alto nas reuniões executivas da Apple, mas, quando se tratava de filantropia, quase sempre preferia o silêncio. O que a maioria das pessoas não sabe é que quase todas as suas doações foram dadas anonimamente com instruções explícitas para que permaneçam assim. Por mais pública que sua vida fosse, e continue sendo, o Steve que eu conhecia era na verdade uma pessoa privada que na maioria das vezes preferia se manter assim.

Embora a maioria de suas doações tenha sido feita anonimamente, houve algumas vezes em que vazou a informação de que ele era um doador ou que uma grande doação foi feita pela Apple com a permissão dele. Quando as doações são feitas por meio de empresas de capital aberto, a empresa é obrigada a compartilhar essas informações como parte de suas divulgações financeiras. Um dos maiores exemplos de filantropia pública de Steve aconteceu assim. Em 2006, a Apple fez uma parceria com Bono, vocalista da banda U2, para arrecadar dinheiro para a Product Red AIDS Fund do músico. A Apple criou uma linha de iPods vermelhos e acessórios para iPods, iPads e iPhones com o objetivo de chamar a atenção para a causa. Dez por cento de cada produto Product Red vendido foi para a instituição de caridade de Bono contra a doença.

Mas mesmo enquanto isso acontecia, a mídia continuava criticando a falta de doações públicas por parte de Steve e da Apple. Em resposta, Bono o defendeu publicamente, chegando ao ponto de escrever uma carta ao *The New York Times* dizendo que Steve, via Apple, era de longe o maior benfeitor do Fundo Global de Combate à AIDS, Tuberculose e Malária, com contribuições de dezenas de milhões. Bono continuou dizendo que, quando abordou Steve sobre a possibilidade de parceria, Steve concordou sem hesitar, dizendo especificamente: "Não há nada melhor do que a chance de salvar vidas". Esse esforço para salvar vidas também o levou a pressionar com sucesso os legisladores da Califórnia para tornar o estado o primeiro do país a criar um registro de doadores vivos para transplantes de rim, um movimento que outros estados seguiriam em breve.

FAZENDO A DIFERENÇA

Steve e a Apple também fizeram a diferença na vida das pessoas. Por exemplo, nunca deixa de me surpreender quanta influência um produto bem projetado pode ter nas pessoas. Em 2004, um menino da quinta série enviou a Steve uma carta, escrita à mão em um papel grosso, na qual falava sobre como estava frustrado porque sua escola não tinha computadores Apple. Ele argumentou na carta que os Macs eram muito melhores do que os PCs de sua escola, porque permitiriam que fizesse mais facilmente os tipos de projetos criativos que queria fazer. Ele explicou brevemente quais eram esses projetos e concluiu sua carta perguntando a Steve se ele estaria disposto a enviar-lhe um Mac.

Suspeito que, quando Steve leu a carta, deve ter se lembrado de quando procurou Bill Hewlett na HP, pedindo as peças de computador sobressalentes. Na Apple, recebemos centenas de consultas todos os dias pedindo uma coisa ou outra, mas essa carta em particular se destacou, porque era genuína, pessoal e estava relacionada com muitas coisas sobre as quais Steve e eu conversávamos. Ele me deu a carta e, depois que li, fiquei impressionado e respeitei muito a honestidade e a iniciativa.

Enviei ao garoto um Macintosh grátis na esperança de que isso o ajudasse a alcançar seus objetivos. Os anos se passaram e eu tinha esquecido o presente, mas o garoto não tinha esquecido a Apple. Durante seu último ano do ensino médio, ele me enviou uma cópia de seu ensaio de admissão na Universidade de Stanford. Ele escreveu que, por ter enviado aquele Macintosh, eu era uma das três pessoas no mundo que fizeram a diferença em sua vida. Ele falou sobre como foi capaz de usar o Mac para coreografar peças escolares, fazer projetos e uma série de empreendimentos criativos que o levaram a ser bem-sucedido. Vários meses depois, tive notícias do jovem novamente, desta vez me informando que havia sido aceito no programa de Ciência da Computação de Stanford e queria saber se poderíamos almoçar para que pudesse me conhecer pessoalmente. Este é apenas um exemplo dos milhares de presentes que Steve e outros da Apple forneceram que tiveram um impacto incrível na vida das pessoas sem precisar de publicidade na mídia.

Também vejo essa história como um exemplo da constante crença de Steve de que o poder dos produtos pode fazer uma tremenda diferença na vida das pessoas. Ele realmente acreditava no poder dos produtos da Apple e que, contanto que funcionassem corretamente, sempre seriam a melhor maneira de retribuir. Certa vez, explicou-me que seu verdadeiro presente para a sociedade era criar plataformas de ponta nas quais as pessoas pudessem criar softwares, programas e aplicativos, especialmente aqueles que pudessem dar às organizações a capacidade de ocasionar ainda mais doações. Uma das minhas maiores lições com Steve foi que o dinheiro é passageiro e quando acaba, acaba. O que *faria* a maior diferença no mundo, ele me ensinou, eram plataformas e ecossistemas bem projetados. Ele sentiu que, ao criar plataformas digitais com ecossistemas ativos, poderíamos dar às organizações sem fins lucrativos os meios para arrecadar muito mais dinheiro do que qualquer indivíduo ou empresa jamais conseguiria. Cheguei a pensar nisso como a versão do século XXI da máxima clássica: "Dê um peixe a um homem e o alimentará por um dia; ensine-o a pescar e o alimentará por toda a vida". O Steve que eu conhecia distribuiu muitos peixes, mas estava muito mais determinado em criar e entregar as melhores varas de pesca que o mundo já viu.

CAPÍTULO 15

O LEGADO DE STEVE

"Sou uma pessoa que gosta do longo prazo."
STEVE JOBS

SOUBE PELA PRIMEIRA VEZ SOBRE O CÂNCER DE PÂNCREAS DE STEVE no verão de 2004 junto com o resto dos funcionários da Apple. Apenas a família e os médicos de Steve sabiam de seu diagnóstico no início, por isso todos estávamos desprevenidos ao ouvir um anúncio tão surpreendente. Eu, por exemplo, não havia notado nenhum sinal físico de sua doença, mas sabia que o prognóstico era ruim e fiquei perturbado com a ideia de perdê-lo. Ele tinha apenas 56 anos, e eu temia que pudesse estar certo o tempo todo sobre seu medo de morrer jovem. Eu era oito anos mais velho, então ouvir uma notícia tão trágica também foi um grande alerta para mim e um lembrete humilde de que o amanhã nunca é garantido e que todo dia é um presente a ser apreciado.

Soube mais tarde que Steve havia rejeitado os tratamentos médicos tradicionais, que visavam controlar o câncer, em favor de simplesmente alterar sua dieta e experimentar diferentes tipos de medicina alternativa. Quando percebeu que não estava funcionando, decidiu fazer a cirurgia, admitindo que não deveria ter focado exclusivamente no uso da medicina alternativa.

Quando foi anunciado que tiraria uma licença imediata, Tim Cook assumiu o controle da Apple como CEO interino. Logo após a saída de Steve, foi anunciado que sua cirurgia fora bem-sucedida, que estava livre do câncer e apenas demorando para se recuperar. Eu realmente queria acreditar que estava curado, mas lembro de me sentir cautelosamente aliviado ao ouvir a notícia. Fiquei mais aliviado quando vi Steve voltar para a Apple de bom humor e retomar o trabalho exatamente de onde havia parado. Infelizmente, as coisas não ficariam assim por muito tempo.

Entre 2006 e 2008, Steve começou a parecer frágil, e eu sabia que algo estava errado. Embora sua mente ainda estivesse bastante ativa, seu corpo sofria, e eu tive a terrível sensação de que o câncer tinha voltado. Em agosto de 2008, a *Bloomberg News* publicou erroneamente o obituário de Steve, apesar de ele estar sentado em nossa reunião executiva de quarta-feira de manhã quando a "notícia" foi divulgada! Steve achou hilário e comentou o erro em seu próximo discurso, dizendo: "Os relatos da minha morte são muito exagerados"*. Seu senso de humor era um farol de luz em uma situação sombria.

Foi apenas em dezembro de 2008, quando Phil Schiller fez um discurso no lugar de Steve, que soubemos que algo estava realmente errado. Nossos temores se concretizaram quando, em abril daquele ano, recebemos um memorando dizendo que a saúde de Steve estava "mais complicada" do que ele pensava e que iria tirar uma segunda licença. Estava recolocando Tim no cargo de CEO enquanto assumiria o cargo de Presidente do Conselho. Dessa vez, enquanto estava fora, passou por um transplante de fígado bem-sucedido e depois retornou à Apple novamente como CEO em 2009. Mas, em janeiro de 2011, soubemos que tiraria uma terceira licença e, em agosto daquele ano, renunciou ao cargo de comandante da Apple. Então, em 5 de outubro de 2011, Steve Jobs, meu chefe, mentor e amigo, faleceu em sua casa cercado pela família. Suas últimas palavras ditas foram: "Oh, uau. Uau. Uau".

---

* Referência a Mark Twain. (N.E.)

OUVINDO AS NOTÍCIAS

Quando ouvi a notícia da morte de Steve, eu estava em um carro no Texas com Bill Rankin, um membro da minha equipe educacional, a caminho de uma apresentação. Havia visto Steve dolorosamente se deteriorando fisicamente nos últimos dois anos e sabia que esse dia estava chegando. Ainda assim, ouvir a notícia colocou um enorme fardo no meu coração. Embora ainda tenha honrado meu compromisso de fazer aquela apresentação no Texas, foi a mais difícil que já fiz.

Sempre admirarei quão bem Steve foi capaz de lidar com toda a situação antes de sua morte. Eu nunca vi ou o ouvi reclamar ou culpar nada ou ninguém. Só o vi trabalhando duro por longas horas e permanecendo positivo e apaixonado. Não fiquei surpreso quando Tim Cook disse que sua última conversa com Steve não tinha sido sobre nada pessoal, mas tudo relacionado ao trabalho. Até o final, ele permaneceu dedicado à sua visão e a garantir que a Apple estivesse na melhor posição possível para trazê-la à vida.

Às vezes me pergunto: *se eu descobrisse que só me resta um ano de vida, o que passaria fazendo?* Muito provavelmente eu estaria colocando todos os meus assuntos em ordem e correndo para verificar as coisas da minha lista de desejos. Mas Steve estava tão empenhado em realizar sua visão que trabalhou incansavelmente até o fim. Nem mesmo uma doença mortal poderia impedi-lo de seguir em frente, o que eu não pude deixar de respeitar. A última coisa que Steve supostamente escreveu antes de morrer foi algo que continuo achando poderoso e profundo: "Você pode contratar alguém para dirigir seu carro, mas não pode contratá-lo para ficar no seu lugar na cama quando está doente".

OLHANDO PARA TRÁS

Para mim, Steve não era só o fundador da Apple, ele *era* a Apple. Ele mudou o mundo e, em um nível mais pessoal, ele mudou minha vida e a vida da minha família. Seja direta ou indiretamente, impactou a vida de milhões de acionistas da Apple, negócios e clientes, assim como suas famílias, tanto no presente quanto no futuro. É difícil de acreditar que uma pessoa podia ter um impacto tão grande em outras pessoas de tantas maneiras diferentes. Sou verdadeiramente abençoado e me sinto honrado pelo fato de que Steve pessoalmente me escolheu para fazer parte de seu mundo e trabalhar ao seu lado não uma, mas duas vezes!

Também foi memorável estar na rara posição de testemunhar em primeira mão seu crescimento ao longo dos anos, tanto como líder quanto como pessoa. Eu o vi crescer de um jovem ingênuo com um sonho para um visionário que não parou por nada para alcançar seus objetivos. Vi como cresceu de gerente inexperiente para líder maduro, experiente e poderoso. Eu assisti enquanto ele crescia de um homem que evitava o fracasso para aquele que o abraçava e o usava como inspiração. Eu assisti enquanto ele crescia de um homem insensível que não conseguia entender ou tolerar ideias e crenças que não combinavam com as suas para o homem que mais tarde me diria que respeitava minhas crenças religiosas.

Steve também lia muito, e fiquei impressionado com sua profunda compreensão sobre história. Quando falava sobre o computador pessoal, frequentemente o equiparava ao motor e descrevia como essa invenção começou como uma engenhoca gigantesca com pouco uso prático no dia a dia, até evoluir para máquinas de tamanho pequeno que existiam em todos os lares ao redor do mundo, alimentando tudo, de relógios a brinquedos. Mas o Steve que eu conhecia sempre estava mais interessado em capacitar pessoas do que instrumentos, e é por isso que se concentrou tão intensamente em fornecer a melhor experiência para usuários finais individuais, mesmo que significasse perder oportunidades lucrativas de vender mais amplamente para corporações.

Steve me ensinou a sempre seguir meus instintos, confiar em mim mesmo e pensar de forma diferente, em vez de seguir cegamente os outros, sabedoria que acredito ter sido mais bem captada por seu discurso de formatura em Stanford. Minha maior lição desse discurso foi reservar um tempo para olhar para trás, entender e conectar os pontos do passado de maneiras que informarão e orientarão novos e significativos pontos no futuro.

O legado de Steve agora está seguro. Seu nome será para sempre sinônimo do maior dos líderes empresariais, e sua liderança visionária continuará a inspirar novas gerações de artistas, inventores e empreendedores em todo o mundo. Ele mudou diretamente, ou influenciou fortemente, dezenas de indústrias, desde a de hardware e software de computador até dispositivos móveis, música, telefones, televisores, câmeras, calculadoras, mercado de ações e a maneira como acessamos a internet. Depois de tudo isso, é irônico que ele também dissesse: "Na verdade, estou tão orgulhoso das coisas que não fizemos quanto das coisas que fizemos".

Recentemente me perguntaram o que eu diria se pudesse voltar e ter uma última conversa com Steve. Eu não tinha uma resposta na época, mas, depois de pensar, cheguei à conclusão de que primeiro admitiria que eu deveria ter me esforçado mais para deixá-lo liderar a equipe do Lisa, enquanto eu lidava com a gestão. Sempre me senti assim, mas nunca tive a chance de lhe dizer. Em seguida, eu compartilharia mais de minha fé com ele, não para tentar convertê-lo, mas para tranquilizá-lo de que muitos de nós acreditamos que existe uma vida após a morte e que mesmo que ele esteja partindo, nunca irá realmente embora. Sua memória, seu espírito incrível e seu legado continuarão a viver para sempre. Se teria concordado comigo sobre isso ou não, é uma história diferente, mas acho que teria ouvido e não descartado como impossível, porque ele não acreditava que alguma coisa fosse impossível.

MAIS UM STEVE

No final da maioria dos eventos de lançamento de produtos da Apple, Steve, sempre o *showman*, usava uma de suas frases mais cativantes: "Ah, sim, tem mais uma coisa". A famosa frase, agora chamada de "mais uma coisa", tornou-se tão comum que os funcionários e a mídia passaram a esperar ansiosamente por ela. O que ele queria dizer com isso era que estava guardando algo importante que queria compartilhar, fosse um novo produto, um anúncio importante, uma apresentação musical especial etc. Com isso em mente, apresento agora *mais uma coisa*: Woz.

Por mais que eu admirasse e respeitasse Steve Jobs desde o início, ele não era o único Steve por quem sentia isso na Apple. Desde o momento em que comecei a trabalhar lá, foi plantada uma semente que acabaria se transformando em um relacionamento significativo e importante com outro cofundador da empresa, Steve "Woz" Wozniak – o *outro* Steve que conheço. Mesmo antes de ingressar na empresa, eu sabia exatamente quem ele era, embora ainda não tivesse tido o prazer de conhecê-lo pessoalmente. Bem antes de minha chegada, ele já havia conquistado uma reputação entre os engenheiros do Vale do Silício por desenvolver o Apple I. Embora Jobs ainda não fosse tão conhecido, Woz, do ponto de vista técnico, era considerado por muitos na indústria um guru da engenharia.

Woz era quieto e muitas vezes reservado, enterrado nos esquemas de um dos muitos projetos em que estava sempre trabalhando. Ele nunca teve nenhum interesse real em administrar o lado empresarial da Apple, preferindo se concentrar em projetar e construir os produtos que deram origem à empresa. Ao longo dos anos, à medida que nos conhecemos melhor, percebemos que tínhamos muito em comum. Nós dois éramos formados na Berkeley, especialistas em engenharia e ex-funcionários da Hewlett-Packard. Nós dois tínhamos paixão pela educação e amor pela Top Dog, uma barraca de cachorro-quente local de Berkeley (e possivelmente a melhor de cachorro-quente da Costa Oeste!). Nós também éramos extremamente fascinados por computadores, software para mim e hardware para ele. Nossas semelhanças e conversas acabariam levando a uma amizade duradoura que continua até hoje.

OPOSTOS POLARES

Embora Woz e eu tivéssemos muito em comum, ele e seu colega cofundador da Apple, Steve Jobs, não tinham. Eles eram amigos anos antes de fundar a empresa, mas essa amizade se baseava mais na teoria de que os opostos se atraem do que em interesses compartilhados. Ambos amavam o *potencial* da tecnologia, mas de maneiras muito diferentes. Jobs era altamente ambicioso, querendo que a Apple construísse produtos que mudariam o mundo. Comparativamente, Woz não era ambicioso, exceto quando se tratava de construir computadores e gadgets. Ele nunca quis construir produtos revolucionários para mudar o mundo, queria construí-los para ver se era capaz.

Pode-se facilmente argumentar que Jobs e Woz eram opostos polares e, na maioria das vezes, estariam certos, mas isso também tornava os dois uma combinação perfeita. A maneira como gosto de pensar nisso é que Jobs era o cérebro por trás da Apple e Woz era o coração. Jobs era um gênio do marketing, mas não um grande engenheiro, enquanto Woz era um engenheiro lendário, mas não se importava com o marketing. Por mais apaixonado e ambicioso que Jobs fosse para transformar a Apple na maior empresa do mundo, Woz era igualmente apaixonado por tornar suas invenções as melhores do mundo. Nenhum nunca se importou muito com o dinheiro em si. Jobs se importava apenas na medida em que permitia que ele continuasse fazendo o que precisava para realizar sua visão e Woz se importava apenas na medida em que continuaria financiando sua capacidade de construir máquinas melhores.

Eu sabia que Steve Jobs era uma pessoa legal, mas ele não costumava revelar esse lado de si mesmo publicamente. Woz, por outro lado, é provavelmente a pessoa mais gentil que já conheci, e nunca ligou que todos soubessem disso. Pode ser em parte devido à gentileza de Woz que Jobs às vezes era visto como tão grosso. Mas isso não era justo porque, em comparação com Woz, *qualquer um* pode parecer assim! Pode-se dizer que Woz, de um lado do espectro, e Jobs, do outro, no Vale do Silício eram uma versão do clássico policial bom e policial mau.

Woz era conhecido na Apple por ser legal e por suas brincadeiras infames. Naqueles primeiros anos, aconteceram duas coisas que realmente se destacaram. A primeira foi antes de eu chegar à Apple quando, pouco depois de terminar de construir o Apple I, ele decidiu doar livremente seu design. Ele essencialmente tinha uma mentalidade de "código aberto" antes mesmo de a frase ser usada – como Jobs, Woz estava à frente de seu tempo. Tudo o que Woz realmente queria fazer com sua infinidade de invenções era compartilhá-las para ajudar os outros.

Outro momento de Woz que se destacou foi logo após a oferta pública inicial da Apple, quando de repente ele se viu valendo centenas de milhões de dólares. As duas primeiras coisas que a maioria dos funcionários da Apple com ações fez após a IPO foi investir seu dinheiro e comprar uma casa. Em contraste, a primeira coisa que Woz fez após a IPO não foi gastar ou investir o dinheiro, mas devolvê-lo imediatamente. Ele montou uma mesa no refeitório da Apple e começou a transferir várias de suas ações pessoais da Apple, a um preço pré-IPO substancialmente reduzido, para os funcionários da Apple que não tinham ações. Foi uma coisa incrivelmente altruísta de se fazer, mas Woz não pensou muito porque parecia uma coisa óbvia a se fazer. Vê-lo fazer isso foi incrível e acabaria se tornando uma grande influência nas minhas próprias doações no futuro.

FAMÍLIA EXTENSA

Embora Woz e eu tenhamos sido amigos durante os primeiros anos da Apple, foi só depois de seu acidente de avião em 1981 que realmente nos aproximamos. Quando ouvi a notícia, cancelei minha viagem de fim de semana e fui rapidamente ao hospital para ficar com ele e sua família. Ficar sentado na sala de espera do hospital sem saber se ele iria sobreviver ou não foi um dos momentos mais assustadores da minha vida. Orei muito durante esse tempo e agradeci a Deus quando soube que ele viveria.

Outra coisa que nos aproximou ocorreu pouco depois do meu retorno à Apple. Tendo trabalhado em uma escola na década anterior, voltei com um profundo apreço e paixão pela educação. A essa altura, ele havia se separado completamente da Apple e, além de trabalhar em um novo dispositivo de controle remoto que havia inventado, estava fortemente focado em dar computadores para crianças de escolas públicas e, igualmente importante, aproveitando o tempo para visitar as salas de aula e ensinar às crianças como usá-los. Foi esse amor compartilhado pela educação que ajudou a fortalecer nossa amizade. Sem que eu pedisse, Woz até me forneceu espaço de trabalho gratuito em seu complexo de escritórios, o que acabou nos dando ainda *mais* tempo para nos relacionarmos.

Durante esse tempo, percebi quanto Woz amava as crianças, e é por isso que ele se envolveu tanto com a educação. Ele tinha um espírito muito jovial, sempre preferindo sair com crianças divertidas a adultos chatos. Aonde quer que fosse, levava consigo sua infame bolsa de truques que consistia em uma variedade de quebra-cabeças matemáticos e jogos de raciocínio lógico. Ele também tem um profundo amor por videogames, gostando particularmente do clássico Tetris. Woz gostava tanto do jogo que (ainda) é conhecido por se sentar no fundo de eventos e shows para que possa jogá-lo em seu Game Boy sem que ninguém perceba!

Mas eu diria que o fato que realmente selou a nossa amizade foi quando se apaixonou por Janet Hill, uma colega que trabalhou comigo e que eu considerava uma amiga muito próxima. Conheci Janet por volta de 1998 na conferência NECC, onde ela recebeu a tarefa de dar camisetas da Apple para quem estava trabalhando em nosso estande. Ela não tinha ideia de quem eu era, de que fui um dos primeiros funcionários da Apple ou de que na época era vice-presidente. Quando me aproximei da mesa dela para pegar minha camiseta, sorri e disse: "Oi, sou John Couch. Você se importa se eu pegar uma camiseta extra para uma amiga especial?".

Janet sorriu e prontamente pediu meu crachá com Apple ID. Quando comecei a verificar meus bolsos para ver se eu o tinha trazido, a jovem que trabalhava ao lado de Janet se inclinou e sussurrou para ela que eu era o novo VP de Educação e seu chefe. Janet parecia incrivelmente envergonhada e, assim que encontrei meu crachá e o mostrei, ela já estava dizendo que poderia "levar quantas camisetas" quisesse. Logo depois começamos a trabalhar juntos e continuaríamos fazendo isso pelos próximos quinze anos.

Muitos anos depois desse incidente, Janet confessou que achava que eu iria demiti-la naquele dia, mas isso nunca passou pela minha cabeça. Na verdade, achei todo o episódio cativante. Ah, e aquela "amiga especial"? Acabou se tornando minha esposa, o que eu acho que mostra o poder de uma camiseta da Apple!

Como Janet era uma pessoa tão doce e carinhosa, não fiquei surpreso quando soube que ela e Woz se conheceram em um cruzeiro "geek" e se apaixonaram. Em 2008, eles se casaram, mas Woz sendo Woz, um casamento tradicional estava fora de questão. Então, em vez de se casar em uma igreja como a maioria das pessoas, decidiram se casar em uma conferência de Segway! Em vez de caminhar pelo corredor do local, os noivos apareceram em Segways motorizados.

Depois que Janet se tornou Janet Wozniak, ela poderia facilmente ter se aposentado com uma grande riqueza, mas preferiu ficar e trabalhar porque acreditava muito no que estávamos fazendo na Apple Education.

Os Wozniak continuam sendo duas das pessoas mais legais que conheço, e agora nos tornamos o que equivale a uma família extensa. São convidados frequentes para jantar e tomar vinho em minha casa e, no início de 2021, minha vinícola, Eden Estate Wines, até lançou uma edição especial chamada "Woz's Chardonnay", em homenagem à nossa amizade de décadas.

CAPÍTULO 16

UMA APPLE DIFERENTE

"Eu não percebi isso na época, mas acabou que ser demitido da Apple foi a melhor coisa que poderia ter acontecido comigo."
STEVE JOBS

TIVE A SORTE DE PODER PASSAR MAIS DE DEZESSEIS ANOS COMO defensor dos negócios de educação da Apple. Sinto que aprendi tanto no meu papel como VP de Educação quanto os professores e alunos que passei meu tempo tentando ajudar. Quando Steve supervisionou a Apple, seja como VP de Novos Produtos, Presidente do Conselho ou CEO, ele estabeleceu uma cultura diferente de qualquer outra empresa. Ela foi projetada em torno do crescimento rápido e dependia fortemente de criatividade, ideias malucas, tomada de riscos e uma única visão compartilhada de toda a empresa. Ele nunca teve medo de quebrar regras ou ignorar as hierarquias e normas organizacionais estabelecidas, e quase sempre escolheu inovação, intuição e instinto em vez de rotas tradicionais. Foi isso que fez com que fosse tão especial trabalhar na Apple.

Mas mesmo as melhores coisas acabam chegando ao fim, e depois da morte de Steve começou a parecer que poderia ter sido o começo do fim da Apple que eu amava. Para piorar as coisas, minha confiável fera das vendas, Barry Wright, anunciou sua aposentadoria, o que eu sabia que seria um golpe devastador para a Apple e particularmente para nossa divisão de educação. Barry e eu nos tornamos muito próximos ao longo de dez anos e, mesmo que fosse seu supervisor, eu o via como igual. Ele foi um membro crucial da equipe de educação e, como chefe de vendas, um dos principais motivos pelos quais conseguimos aumentar o negócio para 9,1 bilhões de dólares em apenas alguns anos. Na verdade, Barry havia se tornado uma figura tão influente na Apple e um aliado confiável meu que o encorajei a trabalhar diretamente com o CEO Tim Cook em *todas* as questões de vendas. Fazer isso foi uma das minhas melhores decisões, porque permitiu que toda a empresa se beneficiasse dos incríveis talentos de Barry, em vez de limitá-los à educação. Claro, isso também significava que sua aposentadoria seria um grande golpe para a Apple como um todo, e não apenas para a minha divisão. Agora, sem nosso líder visionário e nossa fera de vendas incrivelmente eficaz, eu sabia que a Apple não seria a mesma. Também esperava que as mudanças estivessem chegando à divisão de educação, mas o que eu não esperava era que agora eu iria trabalhar em uma Apple *totalmente* diferente.

APPLE DO TIM

Após a morte de Steve, Tim Cook tornou-se CEO da Apple e imediatamente assumiu uma enorme quantidade de novas responsabilidades. Pouco depois de Barry se aposentar, Tim começou a implementar grandes mudanças em toda a empresa, incluindo uma reestruturação significativa na organização da divisão de educação. Lembre-se de que, depois que Steve me trouxe de volta à Apple, ele me encarregou de consertar nosso negócio de educação em declínio, mas confessou que não tinha certeza se o maior problema eram as vendas ou marketing. Em um esforço para melhorar ambos, ordenou que a divisão fosse organizada de forma diferente. Em vez de ser organizada por função, como outras divisões da Apple, ele queria que a educação fosse mais coesa, com as funções de marketing e vendas operando sob um único vp: eu. Isso me permitiu não ter que me preocupar com problemas de comunicação em vendas e marketing, porque em vez de supervisionar um ou outro, eu estava na posição afortunada, embora única, de gerenciar ambos, e a aposta valeu a pena. Mas agora Tim Cook estava no comando e ele tinha outras ideias.

Enquanto Steve ainda estava no comando, minha divisão de educação como um todo se reportava a Tim. Mas agora que Steve se foi, Tim decidiu voltar a uma organização funcional, para que a educação estivesse mais alinhada com a estrutura organizacional tradicional da Apple. Para isso, decidiu remover toda a equipe de vendas da minha alçada e fazer com que reportassem ao novo vp de Vendas da Apple, ex-cfo da United Airlines. Ele então, por sua vez, contrataria seu próprio vp de Educação baseado em *vendas*, o que significa que não apenas a divisão de educação seria dividida ao meio, mas agora também haveria dois vps de Educação!

Eu não estava empolgado com essa mudança porque significava que a Apple Educação, uma divisão única que sabia exatamente como atender a nossos clientes, ficaria muito mais generalizada e seria administrada por indivíduos que podem ter conhecimento de vendas em geral, mas não necessariamente entendem os meandros do mercado educacional. Essa mudança foi completamente contra a visão de Steve de reconstruir a Apple Educação, cujo foco acreditávamos precisar estar na construção de ambientes de aprendizado de alunos e professores, em vez de apenas vender caixas. Mas Tim agora estava no comando e foi tomada a decisão de derrubar a divisão de educação da Apple e reconstruí-la do jeito que estava durante a década de declínio nas vendas.

As mudanças na Apple Educação não pararam por aí. Agora que as vendas foram separadas, eram supervisionadas por um vp de Vendas de Educação (o primeiro de *quatro* até eu me aposentar!). Tim também decidiu que a equipe de marketing e eu deveríamos ser transferidos e que o lugar mais lógico para nós era o marketing de produtos, supervisionado pelo vp de Marketing de Produtos da

Apple, Phil Schiller. Literalmente da noite para o dia, entrei na equipe de marketing e reportaria a um chefe totalmente novo.

O lado bom era que eu já conhecia e gostava de Phil, tendo participado de suas reuniões semanais de gestão. Durante anos, Phil supervisionou todas as atividades de marketing de produtos da Apple – isto é, exceto os da educação. O papel de Phil no marketing educacional, até agora, limitava-se principalmente a dar a aprovação final a nossos programas de marketing e usar sua influência para ajudar a levar as coisas adiante. Agora estaria somando ao seu prato já cheio a responsabilidade pelo marketing educacional, que eu sabia que era muito. Eu ainda era VP de Educação, só que agora fazia parte oficialmente do grupo de marketing de produtos da Apple, sem responsabilidade sobre vendas.

Phil e eu tínhamos estilos de gestão diferentes, mas sempre tive um enorme respeito por ele. Minha maior preocupação, porém, estava relacionada com os meandros complexos do mercado educacional. Não eram coisas que poderiam ser facilmente explicadas, muito menos compreendidas rapidamente. Nos Estados Unidos, por exemplo, não existe um único "mercado educacional", mas milhares. Existem diferentes leis, políticas e diretrizes em cada estado, município, cidade, distrito e até mesmo em cada escola. Tentar posicionar e vender tecnologia para a área de educação não poderia ser feito com sucesso por meio de mensagens padrão, como a maioria dos outros produtos de consumo.

Para crédito de Phil, ele reservou um tempo para ouvir minhas preocupações e reconheceu claramente as dificuldades e desafios do mercado educacional. Ele foi extremamente favorável à direção que eu queria seguir com a educação, que ele entendia ser uma extensão da visão de Steve. Phil até me disse: "Você provavelmente esqueceu mais sobre educação do que eu sei", o que foi um grande elogio, especialmente considerando que antes disso cometi a maior gafe ao me referir à sua *alma mater*, Boston College, como Universidade de Boston!

ASSUNTOS DE GOVERNO

Eu trabalhava com Phil havia vários anos em sua equipe de marketing de produtos quando, de repente, uma nova oportunidade se apresentou. Tim Cook queria esclarecer os valores da Apple e, para comunicá-los, aplicou sua própria versão de uma analogia que havia sido usada por Steve anos antes. Steve descreveu os principais negócios da Apple como equivalentes às três pernas de um banco, que disse consistir em Macintosh, iPhones e iTunes. Assim como todas as analogias de Steve, isso ajudou a simplificar as coisas e manteve toda a equipe da Apple focada em objetivos compartilhados e no panorama geral. Tim estava agora redefinindo o foco cultural da Apple como um banco de *quatro* pernas que incluía: Diversidade, Privacidade e Segurança, Meio Ambiente e... *Educação*.

Fiquei encorajado e otimista porque nosso CEO agora estava listando *oficialmente* a educação como um dos "valores fundamentais" da Apple, aproximando-se da ideia de Steve de que a educação está no "DNA da Apple". Presumi que a nova declaração de Tim significava que a Apple agora colocaria uma ênfase muito maior na educação e usaria isso como ponto de partida para projetar, construir e vender ferramentas inovadoras que a melhorariam. Infelizmente, não foi assim. Em vez disso, fui afastado do marketing de produtos e comecei a trabalhar para Lisa Jackson, VP Executiva de Assuntos Governamentais e Comunitários da Apple.

Eu estava esperançoso de que trabalhando nessa nova área eu conseguiria fazer muito em termos de criação ou reestruturação de programas educacionais. Tim havia prometido que a Apple doaria 100 milhões de dólares para o programa ConnectEd, do governo federal, uma iniciativa ambiciosa que visava levar banda larga estável e de alta velocidade para todas as escolas dos Estados Unidos. A promessa da Apple significava que centenas de escolas de baixa renda teriam acesso aos principais recursos de aprendizagem, como iPads e MacBooks. Isso também significou que, pela primeira vez, a Apple tinha laços estreitos com o governo federal, o que eu sabia que poderia levar a várias novas oportunidades. A equipe de Assuntos

Governamentais e Comunitários de Lisa havia herdado recentemente o envolvimento da Apple no ConnectED, que eu ajudei a definir como representante da Apple na força-tarefa do ConnectED do presidente Obama.

Uma coisa importante que fiz enquanto estava nessa força-tarefa foi tomar a decisão de que, em vez de pedirmos às pessoas que enviassem solicitações abertas e recusarmos 99% delas, só receberíamos propostas das escolas que tivessem pelo menos 96% de seus alunos recebendo almoço grátis e a preço reduzido. Isso não apenas limitou o número de escolas que poderiam apresentar propostas, mas também garantiu que as que o fizessem fossem as que mais precisassem de ajuda.

Após minha chegada à divisão de Assuntos Governamentais, expliquei a Lisa que o programa foi projetado para os planos estratégicos e táticos das escolas e treinamento de professores, além da atualização de sua infraestrutura e computadores. A última coisa que eu queria fazer era jogar tecnologia nas escolas quando elas não tinham ideia de como usá-la. Se havia uma coisa que eu sabia sobre tecnologia na educação era que vender um monte de computadores para escolas sem treinamento eficaz de professores nos prejudica muito mais a longo prazo do que nos ajuda a curto prazo. Isso não apenas arriscaria dar à Apple uma reputação de vender produtos inúteis, mas também impactaria negativamente a percepção de *toda* a tecnologia educacional. Lisa era uma boa pessoa, mas supervisionar sozinha todo o Departamento de Assuntos Governamentais e Comunitários da Apple não era fácil. Ela estava ocupada o suficiente antes de eu chegar, mas agora, com o ConnectEd em seu colo, sua carga estava se tornando esmagadora. Então, não foi surpreendente para mim que ela não parecia entusiasmada com minhas propostas de educação e ideias malucas.

IDEIAS MALUCAS

Quando comecei a me instalar na minha última divisão, continuei argumentando que o desenvolvimento profissional dos professores precisava ser parte obrigatória de qualquer doação educacional da Apple. Depois de meses de pesquisa intensiva e sendo respaldado por dados irrefutáveis, apresentei meu caso para Lisa. Sugeri que fizéssemos o desenvolvimento profissional gratuito para qualquer escola parceira que fosse Apple 1 para 1 (tivesse um computador por aluno), para que estivéssemos presentes na escola lado a lado com eles, de três a cinco anos. Ou, simplesmente, falei, poderíamos tratar todas as escolas Apple 1 para 1 da mesma forma que as escolas do ConnectEd.

Uma segunda ideia que eu sabia que seria benéfica e ajudaria a garantir que a educação continuasse sendo um valor central da Apple era tornar nosso negócio de educação uma organização sem fins lucrativos separada. Isso permitiria que a organização sem fins lucrativos se concentrasse no "porquê", enquanto apoiava nossas equipes de vendas e marketing com fins lucrativos. Além disso, devido à nossa nova aliança com o governo federal, operar por meio de uma organização sem fins lucrativos nos distanciaria do lucro percebido e melhoraria significativamente nossas chances de conseguir apoio político. Também aumentaria muito a conscientização e a aceitação de nossas descobertas do ACOT e do modelo de aprendizado baseado em desafios inspirado por esses resultados.

Isso poderia até ser feito, eu disse, sem muito custo. Minha justificativa foi um estudo que fiz totalizando todos os "presentes" distribuídos por todos os departamentos da Apple. A quantia totalizou um bilhão de dólares, e ainda assim ninguém na Apple havia percebido que estávamos fazendo uma contribuição desse tamanho. Se o lucro do nosso negócio de educação fosse até 10% das vendas, observei, poderíamos propositadamente mudar nossas doações fragmentadas anteriores para a educação, o que teria um enorme impacto. Fiquei empolgado por talvez conseguir realizar algumas das minhas ideias malucas, mas elas nunca passaram por Lisa. Era desanimador que a Apple agora parecesse satisfeita em manter o *status quo*, exatamente o que Steve abominava.

Não demorou muito para Lisa perceber que tentar assumir minhas ambiciosas ideias de educação, além de suas principais responsabilidades, era demais. Um dia, fui chamado ao escritório dela, onde ela explicou a situação e recomendou que eu pudesse ter mais sucesso se fosse trabalhar para Susan Prescott, gerente de Produtos Corporativos e Educacionais da Apple, que por sua vez trabalhava para Phil Schiller no marketing de produtos! Não pude deixar de rir, lembrando gentilmente a ela que já havia trabalhado *diretamente* para Phil em marketing e perguntei por que ela achava que eu voltar a trabalhar para alguém que *reportava* a Phil era uma boa ideia. Ela não teve uma resposta. Ao sair de seu escritório naquele dia, não pude deixar de pensar que o banco de quatro pernas da Apple poderia desabar, porque sua perna de educação estava claramente quebrando.

Apesar das minhas reservas, pensei um pouco sobre a mudança, mas acabei decidindo que voltar ao marketing não fazia sentido. Quando expliquei a situação ao RH, fiquei aliviado por terem concordado. Eles também concordaram comigo que Lisa provavelmente nunca teria tempo para se dedicar à educação, então me manter lá também não era uma boa opção. Em vez disso, propuseram que, como todas as conferências estaduais e palestras que eu estava fazendo abriram grandes portas para as vendas de educação, talvez devesse considerar uma mudança para vendas, onde eu poderia ser "o rosto e a voz da Apple Educação". Isso *parecia* valer a pena, mas também significaria que eu não teria mais nenhuma responsabilidade operacional. Foi difícil de engolir, mas naquele momento percebi que talvez não fosse má ideia. Além disso, eu havia passado de gerenciar 750 pessoas para nenhuma em apenas dois anos, então qual era o sentido de ter responsabilidades operacionais quando não havia operação?

DANÇA DAS CADEIRAS

Mais uma vez, eu estava em movimento, dessa vez entrando no departamento de vendas da Apple, onde trabalharia com Doug Beck, nosso VP de Vendas Mundiais de Educação, que havia contratado recentemente seu próprio VP de Vendas de Educação nos Estados Unidos. Daquele ponto em diante, eu não teria mais responsabilidades gerenciais diárias, nem qualquer envolvimento direto em vendas ou marketing educacional, as mesmas áreas que Steve me trouxera de volta para supervisionar. Mas, como sempre, decidi me jogar no meu trabalho e aproveitar ao máximo a oportunidade. Comecei aumentando o volume de minhas palestras, especialmente para conselhos estaduais de educação e em conferências de superintendentes. Sempre fui apaixonado pelo processo de aprendizagem, mas isso aumentou significativamente em minha nova função, pois agora estava constantemente cara a cara com milhares de pessoas na linha de frente da educação. Também descobri que minha paixão desmedida contagiava, o que a intensificou ainda mais!

Acontece que minhas palestras não só estavam levando a um aumento nas vendas educacionais gerais da Apple, mas também traziam o benefício adicional de informar as pessoas sobre o potencial geral da tecnologia educacional durante todo o processo de aprendizado. Percebi bem cedo que havia tomado a decisão certa ao assumir esse novo cargo, claramente um cenário em que todos saíam ganhando: Apple, professores e eu. As descobertas do ACOT[2], pedagogia CBL, ConnectEd, Projeto Brasil e outros projetos importantes (por exemplo, Knotion, Oxford Day Academy, Varmond e outros), estavam alimentando um nível de otimismo em mim que eu não tinha desde a morte de Steve. Finalmente tive soluções eficazes para resolver problemas educacionais que persistiam por décadas. Mas não importa quão boas minhas palestras fossem, minha mensagem e ideias ainda não estavam alcançando o número de pessoas que eu precisava para dar vida a essas soluções. Então, em meu próprio tempo e às minhas próprias custas, comecei a trabalhar com a Escola de Pós-Graduação em Educação da Universidade de Harvard para ajudar a redefinir e simplificar minha mensagem de maneira que alcançasse um público mais amplo. O resultado dessa aliança levou à escrita de um livro baseado em minhas palestras: *Rewiring Education*.

REWIRING EDUCATION

Reprogramar a educação nos Estados Unidos não é fácil, nem escrever um livro sobre como fazê-lo. Fiz uma parceria com Jason Towne, um estudante de pós-graduação da Graduate School of Education de Harvard, cuja área de foco era a psicologia da educação, uma parte importante, mas muitas vezes ignorada, do ensino e da aprendizagem. Com a experiência de Jason em motivação de alunos e meu conhecimento de tecnologia educacional, eu sabia que juntos (com cinquenta anos de experiência combinados) seríamos capazes de escrever um livro como nenhum outro. Levamos pouco mais de um ano para escrevê-lo, mas, uma vez pronto, sabia que havia efetivamente simplificado minhas apresentações sobre educação e, mais importante, capturado perfeitamente a visão de Steve (e nossa) para o futuro da educação.

O *Rewiring Education* apresenta uma visão ousada para a educação. Ele analisa em profundidade o papel que a psicologia motivacional desempenha na educação e sua relação direta com o sucesso (ou fracasso) da tecnologia educacional. Discute nossa capacidade de reconhecer a natureza do nativo digital, analisa várias tecnologias novas e emergentes (muitas das quais a Apple já havia criado) e explora maneiras pelas quais a pesquisa CBL da Apple poderia se tornar a base para a criação de ambientes de aprendizado extraordinários relevantes, criativos, colaborativos e desafiadores. Em outras palavras, era *exatamente* o tipo de livro que a Apple precisava para ajudar a divulgar sua mensagem.

ÚLTIMOS DIAS

Dois anos antes de escrever uma única palavra do livro, eu queria ter certeza de que não estava quebrando nenhuma regra e que os superiores da Apple sabiam que não iria dizer nada negativo sobre a empresa. Para isso, revisei o objetivo e o conteúdo do livro com executivos e advogados da Apple e até expliquei como a Apple se beneficiaria indiretamente dele. Mostrei que era essencialmente apenas uma versão mais detalhada da apresentação que eu já estava fazendo. Não tratava de produtos da Apple, mas mostrava a importância da tecnologia educacional para o aprendizado do século XXI, o que certamente ajudaria a vender alguns de nossos produtos mais relevantes. "Na verdade", expliquei, "ficaria bem claro para qualquer leitor que o melhor parceiro para mudar a educação era a Apple, a empresa que está ao lado deles há mais de trinta anos". Fiquei animado quando me deram sinal verde para prosseguir.

Jason e eu conseguimos um contrato com uma editora bem estabelecida e me vi um passo mais perto de realizar a grande visão de Steve para a educação em uma escala muito maior. Mas, infelizmente, exatamente uma semana antes da publicação, fui convocado ao escritório de Doug Beck e informado de que o Departamento Jurídico "não queria estabelecer um precedente de executivos da Apple escrevendo livros" – mesmo que o livro não fosse sobre a Apple! Se a data fosse 1º de abril, eu teria pensado que era uma piada do Dia da Mentira, mas não, ele estava falando sério. Lembrei a ele que ele, o Departamento Jurídico e a liderança da Apple sabiam desse livro havia mais de um ano e nunca disseram, ou mesmo insinuaram, que eu não deveria escrevê-lo. Também lembrei a ele que um livro sobre a ACOT já havia sido publicado, então o precedente já havia sido estabelecido.

Doug deu de ombros e se desculpou, mas disse que não havia nada que pudesse fazer a respeito. Então explicou que eu ainda poderia publicar meu livro *se* estivesse disposto a converter meu papel de VP de Educação no de um contratado independente. Dessa forma, ele disse, eu poderia continuar falando pela Apple Educação por um ano, enquanto ainda recebia meu salário atual. Depois daquele ano, começariam a reduzir o número de palestras e eu seria pago por palestra a uma taxa mínima. Não fiquei contente com a ideia de não ser mais um funcionário da Apple. Também me senti um pouco traído, considerando que eles sabiam disso havia tanto tempo e não disseram nada. Agora, depois que eu já tinha um contrato de publicação, de repente viram problema nisso.

Além disso, a forma como essa "opção" foi apresentada deixou claro que não era uma escolha. Eu não fiquei muito feliz. No entanto, aprendi ao longo dos anos que quanto maior a idade, menor o nível de paciência e, aos 72 anos, essa não era uma luta que eu queria enfrentar. Também estava cansado da dança das cadeiras que a Apple me fazia dançar nos últimos anos e estava rapidamente perdendo a esperança de que qualquer uma das minhas ideias malucas para mudar a educação fosse aprovada. Dado que estava me aproximando da aposentadoria de qualquer maneira, senti que era hora de seguir em frente. Eu mesmo espalharia a mensagem para reprogramar educação e encontraria maneiras de realizar a visão de Steve para a área sem o apoio deles. Então, concordei com a proposta, negociei uma indenização e os detalhes da minha nova função e assim, pela segunda vez na minha vida profissional, deixei de ser funcionário da Apple. Ironicamente, um ano após a publicação da minha obra, o CEO da Apple, Tim Cook, publicou com sucesso seu próprio livro.

UMA JORNADA EXTRAORDINÁRIA

Sinceramente, tive sentimentos mistos sobre deixar a Apple. Por um lado, fiquei desapontado com a forma como minha partida foi tratada e senti como se estivesse sendo forçado a deixar para trás uma das coisas mais importantes da minha vida. Por outro lado, fiquei aliviado por ficar livre e poder me concentrar em todos os aspectos da educação, e não apenas nas vendas. Claro, eu não seria mais capaz de usar meu título influente de "Vice-presidente de Educação", mas em pouco tempo percebi que nunca precisei confiar nele em primeiro lugar. Sempre fui mais do que apenas o meu cargo.

Não muito tempo depois que saí, a participação da Apple no mercado educacional começou a declinar. Como avisei, foi um erro focar na venda de caixas caras no mercado educacional, em vez de vender computadores e tablets *projetados* especificamente para atender às necessidades de ensino e aprendizagem. As pessoas começaram a ver seus computadores e gadgets como ferramentas para diversão, em vez de vê-los como oportunidades únicas de aprendizado que poderiam ajudar a liberar o potencial de cada aluno.

Embora eu possa não ter conseguido o apoio da gerência da Apple para implementar as ideias do livro, tive a sorte de que sua mensagem se espalhou rapidamente pelo mundo, do México ao Reino Unido, Japão, Coreia do Sul e China. Foi traduzido para vários idiomas e em poucas semanas aclamado pela crítica, recebeu avaliações de 5 estrelas na Amazon e vendeu dezenas de milhares de cópias. Foi inspirador ver que as ideias que Steve e eu discutimos sozinhos por tantos anos estavam finalmente ganhando uma audiência geral. Na China, *Rewiring Education* foi tão bem que acabou sendo o livro educacional mais vendido de 2019, mostrando que a demanda por mudanças era global.

Agora eu tinha adicionado com sucesso um novo ponto em minha vida e dali para a frente estava livre para fazer as coisas do meu jeito, nos meus próprios termos. Embora tenha sido efetivamente expulso dessa Apple diferente, ninguém jamais poderia tirar de mim as décadas de sangue, suor e lágrimas que dediquei à Apple que Steve construiu. Serei para sempre o 54º funcionário da Apple, seu primeiro VP de Software, um dos mais orgulhosos "Pais do Lisa", seu primeiro VP de Educação e, o mais importante, um colega e amigo de um dos visionários mais lendários que o mundo já conheceu. Foi um passeio caótico e extraordinário, mas essa foi a minha vida na Apple e o Steve que eu conheci.

EPÍLOGO
UM JOGO INFINITO

*"Vamos inventar o amanhã em vez de nos preocupar
com o que aconteceu ontem."*
STEVE JOBS

Vários anos antes de deixar a Apple, convidei o autor best-seller Simon Sinek para se juntar a mim e à minha equipe educacional em uma apresentação que deveríamos fazer em uma conferência internacional da Apple sobre educação. O livro de Simon, *Comece pelo porquê*, inspirou líderes de todo o mundo a reavaliar a razão pela qual suas empresas e organizações existiam e os desafiou a fazer perguntas sobre o *porquê* antes mesmo de considerar *o que* e *como*. Depois de nossas apresentaçõcs, Simon e eu dividimos um táxi de volta ao aeroporto. Ao longo do caminho, iniciamos uma conversa interessante que abordou as diferenças entre as filosofias de educação da Apple e da Microsoft que, anos depois, ele lembraria como parte de uma história em seu livro seguinte, *O jogo infinito*.

Durante nossa corrida de táxi, Simon me disse que não muito tempo antes ele havia feito uma apresentação em uma conferência de educação da Microsoft e, agora que havia feito o mesmo na Apple, ficou intrigado com a forma como a educação era vista de maneira diferente pelas duas empresas. Na apresentação da Microsoft, lembrou Simon, os executivos subiram ao palco e falaram quase exclusivamente sobre "derrotar a Apple". Em contraste, observou que todo conferencista da Apple passou 100% do tempo falando sobre como a Apple estava tentando ajudar os professores a ensinar e os alunos a aprender. Seu ponto era que, enquanto a Microsoft estava obcecada em vencer a concorrência, a Apple estava obcecada em avançar nossa visão para a educação ou, como Simon a chamava, nossa "causa justa".

Como parte da história de Simon sobre nossa discussão em *O jogo infinito*, ele se lembra de me dizer que a Microsoft havia lhe dado um tocador de música portátil Zune e como ele achava que era um produto melhor do que o iPod da Apple. Ele citou minha resposta a isso como sendo simplesmente: "Não tenho dúvidas". Eu disse isso porque sabia que uma empresa supostamente ter um produto "melhor" significava pouco, a menos que refletisse adequadamente o *Porquê* e a Causa Justa da organização. Eu não me importava se as pessoas achavam que um Zune era melhor que um iPod (não era), porque produtos individuais não importam se sua existência não faz parte de um plano maior e de longo prazo.

Deixe-me compartilhar um exemplo do que quero dizer. O iPod original da Apple (2001) acabou levando ao iPhone (2004), que deu origem ao iPod Touch (2007), que deu origem ao iPad (2010), todos produtos poderosos, com uma plataforma integrada comum, com um amplo ecossistema de aplicativos que estão, por sua vez, transformando o ensino e a aprendizagem em todo o mundo. O Zune fez isso? O.K., para ser justo com a Microsoft, eles lançaram um produto de acompanhamento chamado Zune HD, que durou três anos inteiros antes de a empresa acabar com toda a linha. A diferença realmente se resumia à liderança da empresa e às coisas que priorizavam. Steve tinha o que Simon chama de "visão infinita" e incutiu um senso de propósito urgente em todos nós que trabalhamos para ele, o que, por sua vez, também dá o mesmo significado aos produtos que desenvolvemos.

No final da história de Simon, ele se referiu à minha resposta de três palavras como sendo "consistente com a de um líder com uma *mentalidade infinita*". O termo refere-se a uma mentalidade que incentiva os líderes a iniciar ativamente estratégias ou modelos de negócios disruptivos para avançar o progresso de acordo com sua Causa Justa. Em 2019, quando li o livro pela primeira vez, tive a honra de fazer parte de um trabalho tão influente sobre liderança e, mais ainda, pelo autor ter tanto respeito pela minha liderança. Para ser honesto, ler todo o livro de Simon foi inspirador, tornando-me mais determinado do que nunca a não deixar nada atrapalhar minha reprogramação da educação – nem mesmo uma pandemia global.

A CALAMIDADE DO CORONA

No início de 2020, grande parte do mundo foi pega de surpresa pela rápida disseminação e letalidade de uma das piores pandemias globais da história, a do vírus Covid-19, mais comumente referido pelo público em geral como "coronavírus". Embora a maioria dos adultos tenha vivido pelo menos uma pandemia, nunca antes uma se espalhou pelo mundo tão rapidamente e forçou quase todos os países a tomar simultaneamente medidas drásticas para retardar sua propagação. Nos Estados Unidos, uma rara emergência nacional foi declarada em nível federal. Isso levou a maioria dos governadores estaduais a emitir "ordens de permanência em casa", o que significa que praticamente todos no país, com exceção dos "trabalhadores essenciais", não eram autorizados a sair de casa. Quase da noite para o dia, todas as escolas de ensino básico do país fecharam no meio do ano letivo, pois pais, alunos e professores (de modo controverso, *não* classificados como trabalhadores essenciais) se viram em *lockdown*.

Antes do coronavírus, a maioria dos governos locais e distritos escolares relutavam em investir em recursos tecnológicos significativos. Em vez de reconhecer e utilizar o enorme potencial da tecnologia, agarraram-se teimosamente aos métodos de educação da Revolução Industrial. Aparentemente, para que os alunos aprendam, os administradores escolares e os líderes educacionais acreditavam que as crianças precisavam se sentar em carteiras tradicionais, em salas de aula tradicionais, e serem ensinadas por professores tradicionais de maneiras tradicionais. Essas crenças desinformadas continuaram, embora um grande número de alunos tenha dificuldade de aprender com um modelo tão desatualizado.

Mas então, esses mesmos líderes se viram no meio de um despertar súbito, pois o coronavírus estava soando alarmes que achavam que nunca ouviriam. Os líderes escolares agora se viam assistindo impotentes a seus modelos educacionais tradicionais cederem sob pressão. Infelizmente, a maioria optou por não investir em ambientes digitais que permitiriam uma transição fácil para o aprendizado remoto e não tinham um plano B viável. Vários tipos de modelos digitais, de ensino em casa e de aprendizado a distância já existiam muito antes da pandemia. Nenhum era perfeito e muitos eram altamente acessíveis, alguns até gratuitos. A principal razão pela qual os líderes escolares não os usavam para complementar o ensino presencial não era porque eram falhos ou caros, era porque achavam que não precisavam deles.

Bom, eles estavam errados. De repente, milhões de diretores, professores e pais estavam com dificuldades para descobrir como usar efetivamente a tecnologia para o aprendizado remoto. As vendas de software e hardware educacional dispararam e a maioria não conseguiu cumprir a promessa, devido principalmente à falta de treinamento de professores, absolutamente essencial para seu bom funcionamento. Chamar o que aconteceu de *calamidade* pode ser o maior eufemismo deste livro! Os líderes de escolas e distritos não apenas subestimaram significativamente a necessidade de modelos remotos, currículos digitais e treinamento de professores, como nunca tiveram uma nova visão para o futuro da educação.

Comparativamente, a visão de Steve para o futuro da educação *sempre* foi clara. Como ele disse com tanta eloquência, "todos os livros, materiais de aprendizagem e avaliações devem ser digitais, interativos, adaptados a cada aluno e fornecer feedback em tempo real". Esse era o tipo de "visão infinita" que os líderes escolares precisavam, antes dos *lockdowns*, para impedir o desligamento completo do sistema educacional dos Estados Unidos. Foi uma pena precisar acontecer o que aconteceu para que enxergassem isso, ignorando décadas de previsão visionária.

CAUSA JUSTA

O objetivo de Steve na Apple nunca foi apenas vender produtos, mas também vender o "porquê" por trás deles. Se fizéssemos direito, ele nos dizia, os produtos se venderiam sozinhos. Como vp de Educação, eu levava essa filosofia a sério, e é por isso que Simon me ouviu fazer esse tipo de apresentação apaixonada na conferência. A Causa Justa que impulsionou a Apple Educação durante meu mandato foi que sempre usaríamos produtos "como meio de transformar a educação para melhor atender às necessidades dos nativos digitais de hoje". Não era um conceito novo, mas uma extensão clara da visão muito bem definida que Steve tinha para a educação.

Infelizmente, em 2018, a Apple começou a se afastar de sua Causa Justa educacional e ir em direção a modelos de vendas tradicionais. Isso se refletiu nas principais decisões tomadas que incluíram: distribuir a divisão de educação por toda a empresa, ignorar as descobertas de sua própria pesquisa $ACOT^2$ e suas soluções de aprendizado baseadas em desafios e abandonar o iTunes U, uma plataforma que tinha potencial para se tornar um canal de distribuição digital para aprendizado personalizado durante a pandemia. Essas mudanças alteraram a filosofia sob a qual a Apple Educação havia operado nos dezoito anos anteriores – e os alunos pagaram o preço.

EDUCAÇÃO REPROGRAMADA

O sucesso do *Rewiring Education* me mostrou quantas pessoas realmente querem uma mudança na educação. Quase diariamente, ouço pessoas que acreditam tão fortemente quanto eu que o propósito do ensino não deve ser apenas memorizar, mas ajudar as crianças a descobrir seu gênio único e capacitá-las a ir além de todas as limitações. Embora a tecnologia por si só nunca seja capaz de resolver um quebra-cabeça tão complexo quanto a educação, não há dúvida de que, daqui para a frente, ela desempenhará um papel significativo. Tecnologias inovadoras como celulares e relógios inteligentes, aplicativos, mídia social e interativa e inteligência artificial vieram para complementar com sucesso quase todas as indústrias modernas e estão continuamente sendo integradas em quase todos os aspectos de nossa vida, reprogramando nossas casas, empregos, carros e até mesmo nosso cérebro! Tudo, *exceto* a educação. Isso *tem* que mudar.

Depois de me aposentar da Apple, eu estava pronto para começar a adicionar novos e excitantes pontos em minha vida. A diferença, no entanto, foi que eu procuraria conectá-los intencionalmente com minhas experiências passadas, assim como Steve sugeriu durante seu discurso de formatura em Stanford. Eu costumava ser um tipo de cara que só olha para o futuro, mas agora entendi que é impossível chegar aonde quero sem entender e apreciar onde estive. Ao confiar nas lições aprendidas com programas e experiências como Kids Can't Wait, ACOT e ACOT², Santa Fe Christian Academy, iTunes e ConnectEd, comecei meus esforços pós-Apple procurando ativamente oportunidades para reprogramar a educação. Nos primeiros dois anos depois de deixar a Apple, eu estava liderando, financiando e apoiando várias entidades, incluindo três empreendimentos altamente ambiciosos: Beyond Schools, Oxford Day Academy e uma universidade de desenvolvimento profissional on-line.

O Beyond Schools é um currículo de aprendizado digital baseado em desafios on-line para crianças de três a dezesseis anos, engenhosamente criado pela Knotion, uma premiada desenvolvedora de software educacional do México. Minha intenção é disponibilizar gratuitamente o currículo digital para alunos individuais à medida que eles trazem seus produtos para as escolas dos Estados Unidos. A Oxford Day Academy (ODA) é uma escola laboratório liderada por Mallory Dwinell, uma talentosa líder formada em Harvard, que integrou com sucesso o método tutorial de Oxford e a pedagogia

CBL, permitindo que os alunos passem tanto tempo trabalhando fora da escola quanto dentro das salas de aula. A ODA teve um sucesso excepcional, de todos os pontos de vista, embora atenda especificamente a alunos desfavorecidos do ensino médio, atrasados de três a quatro séries. Por fim, ajudei a financiar uma escola on-line chamada Reach University, projetada para treinar professores a usar pedagogias comprovadas, mas subutilizadas, como aprendizado baseado em desafios e o método tutorial de Oxford. O programa funcionará em conjunto com outro programa exclusivo de estágio de professores, que treina educadores rurais nos métodos de ensino e aprendizagem do século XXI e trabalhará ativamente para ajudar a acabar com a escassez nacional de professores.

Farei tudo o que puder para ajudar a reprogramar a educação para o resto da minha vida. Também continuarei fazendo todo o possível para oferecer a *todos* os alunos a oportunidade de ter acesso igual a recursos digitais eficazes e aprendizado a distância individualizado. Por último, mas não menos importante, continuarei tentando garantir que cada professor tenha acesso ao desenvolvimento profissional necessário para preparar adequadamente os alunos para os desafios de hoje e de amanhã. Por mais otimista que eu seja, também sou realista e sei que atingir metas tão altas será incrivelmente desafiador. Entendo que isso não pode ser feito sozinho, e é por isso que me comprometo a me cercar de pessoas que pensam da mesma forma, fortalecidas por mentalidades infinitas e sempre pensando diferente, assim como as castanhas em cima do sundae da Apple de Steve.

SÓ MAIS UMA COISA...

Em *O jogo infinito*, Simon Sinek observa que os líderes visionários muitas vezes criam grandes rupturas que parecem ao mundo exterior como uma previsão do futuro. "Eles não preveem", ele nos assegura. "Eles, no entanto, operam com uma visão clara e fixa de um estado futuro que ainda não existe – sua Causa Justa – e constantemente procuram ideias, oportunidades ou tecnologias que possam ajudá-los a avançar em direção a essa visão". Em outras palavras, *Steve Jobs*.

A capacidade de previsão do futuro de Steve era, na verdade, sua obsessão obsessiva por *inventá-lo*. Ao contrário de muitos líderes da educação de hoje, ele acreditava em ser proativo em vez de reativo, e sempre preferiu a inovação à tradição. Por gerações, a liderança finita falhou na educação, transferindo constantemente a nossas escolas aquilo que se tornou pouco mais do que um mar de provas padronizadas, dando a alunos e pais uma falsa sensação de sucesso futuro.

A educação é um jogo *infinito* e não há fim para jogos infinitos. Este jogo não tem nada a ver com projetar o melhor computador ou com quem vende mais. Nada a ver com a capacidade de um aluno de aprender algo até alguma data arbitrária. Nada a ver com notas dadas por letras, resultados de testes ou médias finais. Não, o objetivo principal do jogo infinito da educação não é vencer, mas continuar jogando-o pelo maior tempo possível, olhando para trás e conectando os pontos que nos levarão sempre adiante. Esse é o jogo que Steve me ensinou a jogar e que continuarei jogando muito além da minha vida na Apple.

AGRADECIMENTOS

Originalmente, tentei capturar a singularidade da Apple em 1984 com um manuscrito intitulado *Leadership by Vision* [Liderança pela visão], mas o deixei de lado porque queria testar seus conceitos no mercado educacional. O manuscrito foi dedicado a quatro indivíduos cuja visão, liderança e compromisso com "o que pode ser" mudaram minha vida. Agora parece apropriado ressuscitar essa dedicatória, 36 anos depois, pois sua sabedoria e influência ainda permanecem verdadeiras hoje. Assim, é minha distinta honra dedicar este livro a:

Steve Jobs: À memória dele, o pirata, visionário, sonhador e motivador que não conhecia medo ou limites e sempre me desafiou a fazer o impossível. Dedico este livro a você porque compartilhei sua visão e porque você me mostrou o caminho para mudar o mundo.

Mike (ACM) Markkula: Um verdadeiro profissional, pensador e inventor que entendeu o real significado de liderança e que sempre me incentivou com carinho e apoio genuínos. Dedico este livro a você pelo respeito que tenho por sua liderança pessoal e porque você me mostrou como mudar o mundo.

Stan Johnson: Pastor, sábio e guia, que viveu uma vida de humildade, sinceridade e serviço, e que me ensinou a força e o poder da fé. Dedico este livro a você porque você me mostrou *por que* preciso mudar o mundo.

Steve (Woz) Wozniak: O gênio da engenharia e amigo íntimo cuja bondade e compaixão são sempre contagiantes. Dedico este livro a você porque sua humildade e brilhantismo me ensinaram *o que* mudaria o mundo.

Finalmente, à minha dedicada equipe da Apple por 21 anos: os trabalhadores, criadores, inovadores, gênios, filósofos, observadores de estrelas, heróis, artistas, pensadores e designers que deram passos arriscados e desconhecidos comigo em uma jornada que *mudou* o mundo.

— John Dennis Couch